Vorwort

Liebe Leser,

mein Name ist Wolfgang Pade und Reisen ist meine große Leidenschaft, bereits mit vierzehn Jahren reiste ich, mit gleichaltrigen Freunden, allein durch Europa, mit sechzehn waren alle Länder Europas und Nordafrikas mehrfach besucht.

Egal ob mit dem Zug, Bus, Auto, Motorrad, Flugzeug, Schiff, Segelboot oder Kreuzfahrtschiff, ich wollte hinaus in die Welt, um mir diese anzuschauen, es spielte für mich keine Rolle ob ich im Zelt, einem fünf Sterne Hotel oder auf einem Segelboot, bzw. Kreuzfahrtschiff nächtigte.

Erleben wie es wo anders auf der Welt zu geht, Landschaften bestaunen, Tiere beobachten und Menschen kennenlernen, so wie deren Gebräuche, Kulturen und Lebensart zu erkunden. Das faszinierte mich schon mein ganzes Leben lang, das war meine Motivation, mein Antrieb, so bereiste ich inzwischen alle Kontinente, viele ferne Länder, mit fremdartigen Kulturen, gänzlich anderen Glaubensrichtungen, anderen Lebenseinstellungen, so wie auch mit deutlich unterschiedlichen, aber interessanten Essgewohnheiten.

Inzwischen bin ich etwas älter geworden und arbeite als Ingenieur und Manager in einem großen Konzern. Seit dem siebenundzwanzigsten Lebensjahr bin ich mit meiner Frau Silvia verheiratet, gemeinsam haben wir zwei Söhne.

Hier wird das Erlebte einer Motorradreise über die gesamte Insel Sardinien, aus Sicht eines Bikers, berichtet.

Die Motorradtour startet in Illingen bei Stuttgart und führt über die Schweiz nach Italien bis zum Hafen von Genua, um von dort mit der Autofähre nach Sardinien über Nacht zu fahren.

Auf der wunderschönen und natürlichen Insel beziehe ich mein Hauptquartier in Samugheo, dieses Bergdorf liegt im Zentrum Sardiniens. Von dort fahre ich mit meinem Motorrad sternförmig die für mich interessanten Tagesziele an und dokumentiere diese im Buch. Die Routen der Tagestouren können im Reiseverlauf, auf der vorhergehenden Seite grob entnommen werden. Zudem habe ich Punkte auf der folgenden Karte von Sardinien gekennzeichnet, so dass sich ein schneller optischer Überblick beschafft werden kann.

Nach sehr vielen gefahrenen Kilometern auf Sardinien geht es wieder über Nacht auf der Autofähre von Olbia nach Genua zurück, um am nächsten Morgen mit dem Motorrad über Italien und der Schweiz nach Illingen bei Stuttgart zu fahren.

Dieser Reisebericht enthält 14 Farbseiten und ausführliches Kartenmaterial der durchgeführten Motorradtour. Ich hoffe sie haben Interesse bekommen und möchten mein Buch lesen, dazu wünsche ich viel Freude.

Wolfgang Hans Werner Pade

Motorradreise

Sardinien

Reiseverlauf

- Illingen (Württemberg) bei Stuttgart-Genua in Italien-Olbia auf Sardinien
- Olbia-Golfo Aranci-Santa Teresa di Gallura-Capo Testa-Tempio Pausania-Elefante-Castelsardo-Lago Omodeo-Samugheo
- Samugheo-Tuili-Domue'e s'Orcu-Giara di Cesturi-Barumini-Nuraghe Su Nuraxi- Ingurtosu-Costa Verde-Dünen-Capo San Marco-Oristano-Samugheo
- Samugheo-Lago del Flumendosa-Sadali-Torre di Bari-Lago Alto del Flumendosa-Fonni-Desulo-Aritzo-Atzara-Samugheo
- Samugheo-Cabras-San Salvatore-Capo San Marco-Oristano-Samugheo
- Samugheo-Gagliari-Villasimius-Casa del Marina-Costa Rei-Casa Ferrato-Capo Ferrato-San Priamo-Villaputzu-Muravera-Ballao-Senorbi-Atzara-Samugheo
- Samugheo-Bonarcado-Santu Lussurgiu-Schnapsverkostung Distillerie Lussurgesi-Bosa-Bosa Marina-Samugheo
- Samugheo-Dorfleben
- Samugheo-Nuoro-Monte Ortobene-Dorgali-Baunei-Gola Gorropu-Schlucht-Cala Gonone-Marina di Orosei-Cala Liberotto-Loculi-Samugheo
- Samugheo-Santa Caterina di Pittinuri-Torre del Pozzo-S' Archittu-Capo Mannu-Halbinsel Sinis-Ostküste bis San Salvatore-Cabras-Weinverkostung Weingut Contini-Arborea-Samugheo
- Samugheo-Allai-Horse Country-Arborea-S' Archittu-Santa Cristina mit Brunnenheiligtum, Nuraghenturm und archäologischen Stätten-Samugheo
- Samugheo-Villamar-S' Ortu Mannu mit ältestem Olivenbaum-Fördertürme eines Kohlebergwerks-Insel Sant Antioco-Sant Antioco-Calasetta-Carbonia-Iglesias-Fluminimaggiore-Arbus mit Taschenmessermuseum/Weltrekord-Guspini-Samugheo
- Samugheo-Dorfleben-Hochzeit
- Samugheo-Busachi-Siniscola-Santa Lucia-La Caletta-Posada-Budoni-Agrustos-San Teodoro-Porto San Paolo-Porto Rotondo-Olbia
- Olbia-Genua-Illingen (Württemberg) bei Stuttgart

Autor: Wolfgang Hans Werner Pade

Bibliografische Information der Deutschen Nationalbibliothek:
Die Deutsche Nationalbibliothek verzeichnet diese Publikation
in der Deutschen Nationalbibliografie; detaillierte bibliografische
Daten sind im Internet über http://dnb.dnb.de abrufbar.

Motorradreise
Sardinien

Herstellung und Verlag:
BoD-Books on Demand, Norderstedt
ISBN: 9783756216642

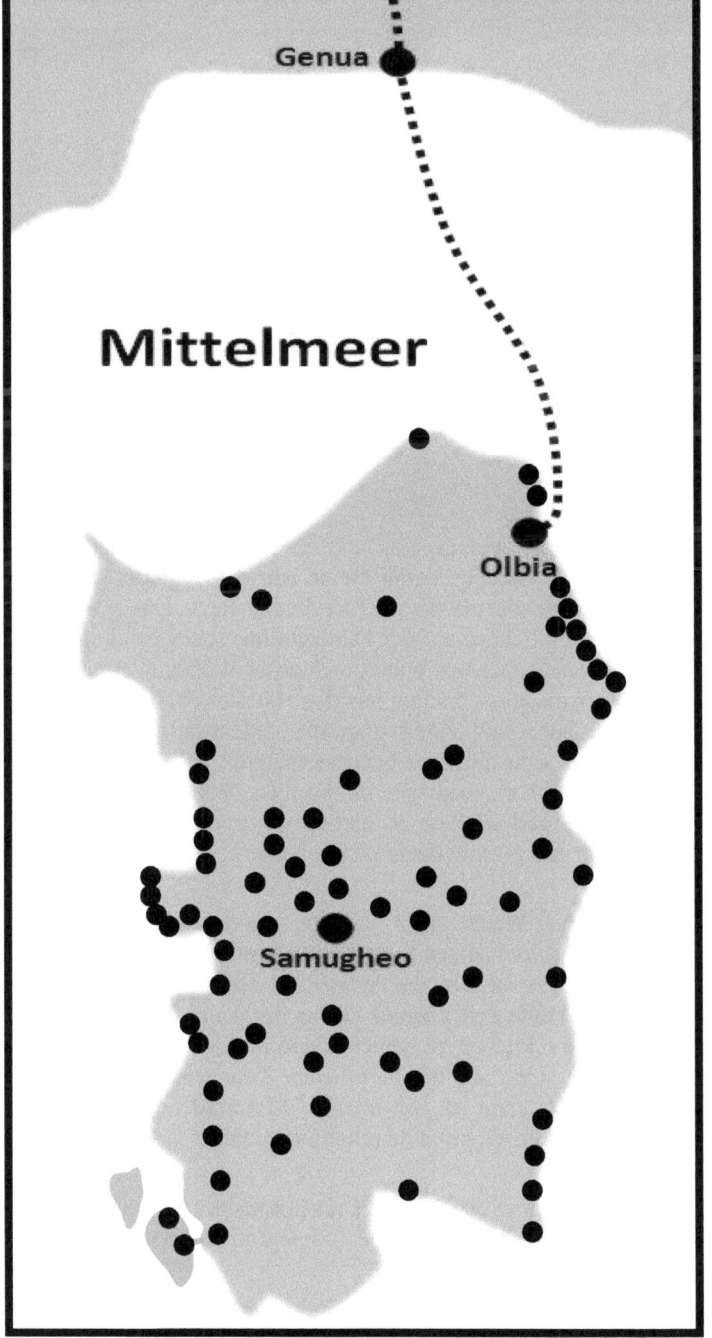

Motorradreise

Sardinien

Es ist kurz vor Weihnachten und das Wetter ist unangenehm kalt und schmuddelig, damit meine ich, dass wir Bodennebel haben und Schneematsch auf der Straße liegt. Das gestreute Salz taut den Schnee auf der Fahrbahn nur schleppend auf. Es weht ein unangenehmer Wind durch unser Wohngebiet und die Bewohner trauen sich kaum aus den Häusern, weil die Gefahr auszurutschen, sich einen grippalen Infekt zu holen, oder einfach nur kalte Füße zu bekommen, groß ist. So sitzen die meisten Nachbarn, wie wir, im warmen Wohnzimmer, langweilen sich und schauen ab und zu aus dem Fenster, um zu prüfen, ob sich eventuell das Wetter bessert.

Da sich das Wetter nicht änderte, schaue ich mir meine Urlaubsfotos vom letzten Sommerurlaub mit meinem Motorrad an und erinnere mich an die fantastische Tour zur Insel Rhodos. Es war eine tolle Zeit, so ganz alleine mit dem Motorrad unterwegs, um die Freiheit zu genießen und mit den Gedanken fern vom Alltagsstress und den beruflichen Zwängen. Der Gedanke wuchs in mir, dass ich mit meinem Motorrad nochmals eine größere Tour im nächsten Sommer unternehmen möchte.

Da ich nur einmal für ein paar Tage mit meiner Familie auf der wunderschönen Insel Sardinien war und diesen Kurzurlaub in bester Erinnerung hielt, wollte ich diese Insel nochmals alleine mit dem Motorrad ausführlich bereisen.

Weil es mir langweilig war, recherchierte ich gleich die Anreisemöglichkeiten mit dem Motorrad und stellte fest, dass die Anfahrt über Genua mit der Fährverbindung nach Olbia, im Norden von Sardinien, die schnellste und günstigste Variante war.

So kreisten mir die Gedanken immer weiter durch meinen Kopf und ich besprach diese Idee anschließend mit meiner Frau. Die glücklicherweise mit der Motorradtour einverstanden war. So konnte ich über die kalten Wintertage die Reise vorbereiten und eine Route festlegen, die Pension und die Autofähre buchen, so wie alles andere verbindlich planen.

Das ist die Freiheit, die ich mir vorstelle. Wieder einmal mit meinem Motorrad ganz alleine durch die Länder reisen und einfach den Kopf frei machen, die Fahrt genießen und immer schön die Kurven jagen. Auf diese Tour freue ich mich ganz besonders, weil die Fahrt mit dem Motorrad durch die schöne Schweiz über Italien bis Genua führt und anschließend ganz bequem über Nacht mit der Autofähre Sardinien erreicht wird.

Nach einer guten Planung, Buchung der Unterkünfte über die üblichen Internetplattformen, konnte die Reise los gehen. Der Start dieser Motorradtour war für Ende Mai geplant und eine Woche vor Abfahrt zeigte die Wettervorhersage beste Aussichten für eine Tour mit dem Motorrad. Denn es sollte trocken, warm und wolkenfrei sein, besser geht es eigentlich nicht.

Vor der Fahrt mit meiner Suzuki V-Strom wurden noch ein paar neue Reifen aufgezogen, ein Ölwechsel durchgeführt, der Ölfilter getauscht, die Kette gefettet und eingestellt, der Tank randvoll gefüllt und schon war ich mit meinem Bike startklar. Wie immer bin ich auf meinen Motorradtouren mit leichtem Gepäck unterwegs.

So reicht mir zur Unterbringung des persönlichen Gepäcks mein großes Topcase und eine kleine wasserdichte Gepäckrolle auf dem hinteren Sitzplatz des Motorrads, so wie ein kleiner Tankrucksack. Auf meinen Touren mit meiner Reiseenduro nehme ich immer das Navi mit und ein paar Landkarten, so wie Werkzeug, Pannenspray für die Reifen und die kleine Verbandstasche. Natürlich ist auch immer meine wasserdichte Regenhose im Gepäck dabei. Da meine Motorradjacke aus Nylon absolut wasserdicht ist, benötige ich keine zusätzliche Regenkombi, um mich vor eventuellen Regen zu schützen.

Mein Motorrad ist für solche Touren bestens geeignet, weil ich dort eine bequeme Sitzposition einnehmen kann, der Tank-inhalt sehr groß ist, das Windschild gut funktioniert und das Fahrzeug ohne Überraschungen solide und robust, so wie sparsam seine Kilometer runter spult. Auch die Sitzbank ist bequem und lässt einen ein paar Stunden prima sitzen. Besonders sicher fühle ich mich durch die zwei großen Schein-werfer in der Frontverkleidung meiner V-Strom. Dadurch können mich alle Verkehrsteilnehmer am Tag und bei Nacht sehr gut erkennen.

Am Abend vor der Abfahrt freue ich mich wie ein kleines Kind vor Weihnachten, denn ab morgen geht es in die große Freiheit. Nur mein Bike und ich auf der Tour durch die Schweiz und Italien bis zum Hafen von Genua. Anschließend auf die Autofähre zur natürlichen und wunderschönen Insel Sardinien. Das wird eine geile Zeit, so etwas vergisst man nie und bleibt stets als Glücksgefühl gespeichert. Weil ich vor lauter Vor-freude nur vier Stunden schlafen konnte, fuhr ich bereits um zwei Uhr in der Nacht los. Eigentlich sollte ein guter Motorrad-fahrer nicht in der Nacht fahren, weil es zu viele Gefahren auf der Straße gibt. Es fängt an mit Teilen die auf den Straßen liegen, die zu spät erkannt werden und geht weiter bis zu den Tieren die nachts die Straße überqueren und bei einer Kollision schnell den Fahrer vom Motorrad holen. Aber ich war so aufgeregt und wollte einfach fahren, deshalb nahm ich diese Gefahren in Kauf.

Natürlich muss ich um diese Nachtzeit um ein Vielfaches vorsichtiger sein, denn als Motorradfahrer ist man mit der schwächste Verkehrsteilnehmer auf der Straße. Ein guter Bekannter musste sein Hobby sogar mit seinem Leben bezahlen. Das ist sehr schmerzhaft und traurig, aber sollte einem die Freude am Fahren eines Motorrades nicht nehmen, aber dennoch stets bewusst sein.

Punkt zwei Uhr startete ich meine V-Strom und war wieder einmal begeistert als ich in der ruhigen Nacht den V-Motor donnern hörte. Kurze Verabschiedung von meiner Silvia und los ging die Fahrt in die große Freiheit, immer Richtung Süden.

Aus Illingen in Württemberg hinaus auf die Bundesstraße 10 und an Vaihingen / Enz vorbei, durch Enzweihingen, bis zur Autobahnanschlussstelle vor Stuttgart, auf die Autobahn A8 Richtung München, dann der Wechsel auf die ländliche Strecke der Autobahn A 81 über Herrenberg, Rottweil, Singen und über die Grenze der Schweiz nach Schaffhausen. Von dort führt mich die Tagestour auf der Autobahn A4 über Zürich, am Ostufer des Zuger Sees entlang, so wie an den Ortschaften Küssnacht, Arth, Schwyz und Altdorf, um dann wieder auf die A2 in Richtung Lugano zu fahren. Die Aussichten, u.a. auf den St. Gotthard, mit seinen Schneespitzen ist atemberaubend schön. Ebenso gefällt mir das kräftige Grün in den Tälern mit seinen landwirtschaftlichen Flächen und den Almwiesen mit seiner Rinderhaltung. Die Fahrt auf der Autobahn A2 durch die Berge, an den Orten Wassen, Andermatt, Airolo, Biasca nach Bellinzola ist ein optisches High-Light, ganz besonders wenn man, wie ich, von Zuhause nur leichtes Hügelland gewöhnt ist. Es sind nur noch ein paar Kilometer auf der A2 über Lugano bis zur Grenze nach Italien. Weil ich so früh losgefahren bin, konnte ich absolut staufrei und ohne jegliche Wartezeiten die Grenzen passieren. In Italien fülle ich vorsichtshalber den Tank meiner V-Strom und freue mich bei der Weiterfahrt, auf der A9 um Milano, auf jeden warmen Sonnenstrahl der mich erreicht. Weil die Nacht in Deutschland und die frühen Morgenstunden in der Schweiz, Ende Mai, noch recht frisch sind.

A
Karlsruhe
Heilbronn
Schwäbisch Hall
Crailsheim
Ludwigsburg
Stuttgart
Baden-Baden
Saarburg
Böblingen
Göppingen
STR
Aalen
Heidenheim der Brenz
Straßburg
Offenburg
Reutlingen
Münsingen
Ulm
Augsburg
Lahr/Schwarzwald
Balingen
Dinkelscherb
Elzach
Colmar
Villingen-Schwenningen
Freiburg im Breisgau
Tuttlingen
Ravensburg
Isny im Allgäu
Kempten (Allgäu)
Mülhausen
Konstanz
Schaffhausen
BSL
Basel
ZRH
Winterthur
Sankt Gallen
Zürich
Oberstdorf
Uster
Feldkirch
Biel/Bienne
LIECHTENSTEIN
Luzern
Bern
Chur
Thun
SCHWEIZ
Alpen
Schlanders
Livigno
Nationalpark Stilfserjoch
Sitten
Bellinzona
Sondrio
Domodossola
Morbegno
Lugano
Costa Volpino
Arco
Varese
Como
Aosta
Borgosesia
Bergamo
MXP
Monza
Biella
Mailand
Brescia
Rivarolo Canavese
Vercelli
Vigevano
Lodi
Casale Monferrato
Pavia
Asola
Crescentino
Susa
Cremona
Turin
Colli Verdi
Asti
Alessandria
Fidenza
Pinerolo
Parma
Serravalle Scrivia
Acqui Terme
Alba
Savigliano
Ottone
Calestano
Modena
B
Sampeyre
Bedonia
Castelnovo Ne' Monti
Genua
Cuneo
Cengio
Savona
Rapallo
Demonte

Nach Milano geht es immer Richtung Genua, über Tortona, Novi und Busalla, auf der Autobahn A7 entlang. Der erste Blick auf Genua mit seinem großen Hafen, sowie das blaue Mittelmeer, war wie immer sehr beeindruckend, zumal die Sicht an diesem Tag sehr klar war. Den Hafen von Genau erreiche ich um kurz vor zehn Uhr, nachdem ich knapp siebenhundert Kilometer zurückgelegt hatte. Wie gesagt, in der Nacht fahre ich vorsichtig, zudem sind die Pausenzeiten für den Toilettengang, die Tankzeit und die Stopps an den Mautstellen in den knapp acht Stunden Reisezeit inbegriffen.

Die Jahresvignette für die Schweiz kaufte ich für neununddreißig Euro bereits Zuhause, so musste ich nur noch die Maut für die Autobahn, von rund siebzehn Euro, in Italien bezahlen.

Da ich das Ticket für die Autofähre schon recht früh gebucht hatte, bezahlte ich weniger als zweihundertfünfzig Euro auf dem Schiff der Reederei Moby, für den Transfer von Genua nach Olbia und zurück. Im Preis inbegriffen war eine Doppelinnenkabine für mich alleine, der Transport des Motorrades und natürlich die Fährkosten meiner Person. Auf der Hinfahrt sollte das Schiff um einundzwanzig Uhr fünfzehn ablegen und nach Fahrplan sieben Uhr fünfzehn den Hafen von Olbia erreichen. Spätestens zwei Stunden vor der Abfahrt des Schiffes musste man einchecken und sich bereit halten für die Fahrt in den Rumpf des Fährschiffes, sonst legt das Schiff ohne einen ab.

In Genua suchte ich sofort die Anlegestelle der Autofähre der Reederei Moby auf und informierte mich über die Einschiffung vor Ort. Anschließend fuhr ich auf meiner V-Strom in die Altstadt von Genua, um dort in einer kleinen gemütlichen Pizzeria ein leckeres Mittagessen einzunehmen. Es gab Pizza mit Sardellen, Knoblauch, Oliven und extra viel Käse. Dazu einen gemischten Salat, zum Trinken orderte ich ein großes Glas Wasser und einen kräftigen Rotwein, schließlich hatte ich Urlaub!

Das Motorrad ließ ich im Hof der Pizzeria stehen und bat den Wirt ein Auge darauf zu werfen, was er sehr gerne tat. Die Motorradkleidung und den Helm durfte ich bei ihm im Restaurant ablegen, solange ich die Altstadt von Genua zu Fuß besichtige. In dieser Stadt war ich schon oft und kannte mich ein wenig aus, so gab es nicht wirklich viel Neues zu sehen, dennoch tat mir der Spaziergang gut nach der langen Fahrt.

Nach der kleinen Altstadttour kehrte ich nochmals auf einen Cappuccino in die Pizzeria zurück. Bedankte mich beim Wirt fürs aufpassen und fuhr danach zur Anlegestelle der Moby. Dort wurden die Papiere gecheckt und anschließend durfte ich sofort mit der V-Strom über eine große Klappe in das Heck des wuchtigen Schiffes hineinfahren. Einige Einweiser der Schiffsbesatzung wiesen mir meinen Parkplatz für mein Motorrad zu und verzurrten es vorsichtig. Mit etwas Handgepäck und ein paar Lebensmitteln, so wie Getränken machte ich mich auf den Weg zu meiner Kabine. Unterwegs bekam ich an der Rezeption noch meinen elektronischen Türschlüssel in Form einer EC-Karte.

In der Kabine angekommen, war ich etwas überrascht, denn mir standen gleich vier Betten zur eigenen Verfügung bereit, zwei unten und zwei oben. Zwischen den Betten war ein kleiner Tisch installiert und es gab ein paar Ablagemöglich-keiten für kleine Utensilien. Zudem stand in der Kabine noch ein Schrank, sowie ein Schreibtisch mit Stuhl. Die orangenen Rettungswesten lagen in einem gesicherten Schrankfach für alle Gäste bereit. Die Kabine war schlicht und einfach, wirkte aber sehr sauber, zudem lud das weiße Bettzeug zum Schlafen ein. Die Klimaanlage sowie alle Schalter und Lampen funktionierten so wie man es sich vorstellte. Im separaten Bad, gleich rechts neben der Eingangstür zur Kabine, befanden sich ein einfaches Waschbecken, eine Toilette, sowie eine geräumige Dusche mit Duschvorhang. Es standen für mich ganz alleine je vier Bade- / Handtücher, sowie Seife, Shampoo und weitere Utensilien im Bad bereit. Kurzerhand richtete ich mich ein wenig ein, nahm eine erfrischende Dusche und genoss anschließend im Schlafanzug mein mitgebrachtes Essen, sowie den Trollinger-Lemberger Wein aus meiner Heimat.

In der Zwischenzeit schlossen sich die zwei gewaltigen Laderampen des stählernen Kolosses und unser Fährschiff legte ab. Von der frühen Anfahrt mit dem Motorrad, dem langen Tag, dem vollen Magen und vielleicht auch ein wenig vom Rotwein fielen mir die Augen zu und ich fiel in einen tiefen und festen Schlaf.

Mitten in der Nacht wurde ich wach und machte mich auf den Weg, um das Fährschiff ein wenig besser kennenzulernen. Es gab auf dem Schiff sehr schicke Bedienungsrestaurants, Selbstbedienungsrestaurants, Shops, Bars, einen Friseur und sogar einen Pool für die Gäste. Hin und wieder sah man den einen oder anderen Gast mit seinem Hund spazieren gehen und ganz vereinzelt ein paar wenige Nachtschwärmer, die nochmals eine Zigarette rauchten oder ein letztes Glas Whisky genossen. Die vielen blauen Pullmansitze, die wie im Flugzeug, sauber und ganz akkurat in Fahrtrichtung standen wurden sehr wenig gebucht, trotz dem niedrigen Preis. Vermutlich war es den Gästen doch ein wenig unbequem dort zu schlafen. Nur ein paar junge Motorradfahrer nahmen die Herausforderung an. Ganz bequem hingegen schienen mir die Variante der Fahrgäste, die mit dem Schlafsack auf dem Teppichboden ausgestreckt nächtigten. Ein Fahrgast legte für sich sogar seine dicke Doppelbettkomfortluftmatratze aus und pumpte diese auf, um ganz genussvoll die Nacht auf dem Gang zu schlafen. Im Schiff und auf den Außendecks war es sehr ruhig, die Gäste nahmen aufeinander Rücksicht, was mich sehr freute. Einen langen Gang aus Stahl entdeckte ich, in dem lauter einzelne abschließbare Boxen für Hunde fest installiert waren. Die sahen nicht gerade einladend aus und keiner der vielen Gäste brachte dort seinen Hund oder die Katze zum Einsperren hin. Mich wunderte es sowieso, dass die vielen Hunde an Deck sehr entspannt und ruhig waren, sicher lag es daran, dass sie froh waren mit ihren Herrchen zusammen zu sein.

Nach dem kleinen Nachtspaziergang mit meiner Kamera lief ich wieder in meine Kabine und schlief rasch ein.

Erst als am nächsten Morgen die lauten und grellen Lautsprecherdurchsagen über die Kabinenlautsprecher erschallten, wurde ich aus dem Schlaf gerissen. Nach der Dusche und dem kleinen Frühstück, begab ich mich an Deck, um die schöne Insel Sardinien aus der Ferne zu sehen und die Hafeneinfahrt zu erleben. Die alten Leuchtturmhäuser auf den vorgelagerten kleinen Inseln gefielen mir recht gut, aber auch der Sporthafen und die Hafenstadt Olbia erschienen sehr ordentlich und gepflegt. Um die ganze Stadt durchzogen in der Einfahrtstraße und vor dem Hafenbereich die Austernzuchtanlagen mit ihren vielen schwimmenden Bojen, wie ein buntes Band, die Ortschaft Olbia auf der Meeresseite.

Natürlich wurden die ersten Fotos geschossen, auch wenn es noch ein wenig trüb über dem Meer war. Die Insel zeigte sich von ihrer schönsten Seite und die Gäste waren ganz aufgeregt und wollten nun zu ihren Fahrzeugen, um Sardinien zu erobern. Im Treppenhaus drängten sich alle dicht zusammen, um möglichst schnell zu ihren Autos, Motorrädern und Wohnmobilen zu gelangen. Obwohl dies nicht nötig war, denn der Kapitän ließ alle ganz geordnet und zwar Deck für Deck zu den Fahrzeugen, um möglichst ohne Stress auf die Insel zu fahren. Die Motorradfahrer durften relativ schnell zu den Fahrzeugen und machten sich auf ihren Maschinen startklar. Als die stählernen Rampen gesenkt wurden wuchs die Spannung und alle freuten sich auf die Fahrt vom Fährschiff auf die Insel Sardinien. Bei der Ausfahrt von der Fähre ist darauf zu achten, dass man das Gleichgewicht auf dem Motorrad hält, denn die vielen stählernen Befestigungseinrichtungen auf dem Stahlboden des Fährschiffes, sowie die Stahlstege auf der Rampe sorgten für Ungleichgewicht. Zudem viele Motorräder maximal beladen wurden und deshalb etwas schwerer zu händeln sind. Da war ich als relatives Leichtgewicht auf meiner V-Strom unterwegs. Im Stillen dachte ich mir, auch die werden es noch lernen und zukünftig auf etwas Gepäck verzichten.

Dann drückte ich den Elektrostarter meines Motorrades und freute mich über den schönen Klang des V-Motors, denn nun durfte auch ich aus dem Stahlbauch des Fährschiffes über die Rampe auf die Insel fahren. Wie ein kleines Kind freute ich mich darüber und rief unter meinem Helm: "Sardinien ich komme". Dabei dachte ich mir, das werden fantastische Tage, an denen ich viel zu sehen bekomme und mal wieder richtig sportlich mit dem Motorrad die Kurven preschen darf, ganz nach meinem Geschmack. Trinken und essen wann und wo es mir gefällt, das wird eine geile Zeit.

Die Fahrt aus dem Hafengelände verlief zügig und staufrei. Mein erstes Ziel auf Sardinien war das rund vierzehn Kilometer entfernte Örtchen Golfo Aranci, das nordöstlich von Olbia an der Küste liegt. In dessen Gemeinde leben ungefähr zweitausendfünfhundert Einwohner. Das einstige kleine Fischerdörfchen entwickelte sich zu einem Touristenort, in dem es sich sehr schön flanieren und shoppen lässt, sowie in den vielen kleinen Restaurants ausgezeichnet Fisch, Meeresfrüchte oder Pizza gespeist werden kann. Nicht nur seine schönen Sandstrände begeistern die Urlaubsgäste, sondern auch die nahe gelegene Kalkinsel Tavolara mit seinem Felsberg Punta Cannone, mit stolzen fünfhundertfünfundsechzig Metern Höhe, auf dessen Felswänden im Naturschutzgebiet Mufflons zu sehen sind. Mit ein wenig Glück kann man im Meer hier sogar küstennahe Delphine beobachten.

Auf den kleinen geteerten Straßen gibt es immer wieder Haltebuchten auf denen es sich lohnt anzuhalten, um die schöne Landschaft zu genießen. Froh war ich darüber, dass ich mir genug Wasser mitgenommen hatte, denn der Tag entwickelt sich als sehr warm, deutlich über dreißig Grad. Die Tagestour führt mich wieder zurück auf die Verbindungsstraße 125 von Olbia nach Santa Teresa di Gallura. Trotz der relativ groß eingetragenen Straße in der Landkarte und dem Navi ist sie doch relativ kurvenreich, aber so ist das, wenn man sich auf einer Insel mit vielen Bergen bewegt.

Die Hafenstadt Santa Teresa Gallura hat rund fünftausenddreihundert Einwohner und ist die nördlichste Stadt Sardiniens. Die touristisch geprägte Stadt besitzt einen schönen Fischerhafen und einige Anlegeplätze für die Fährverbindungen nach Bonifacio auf die französische Insel Korsika. Mehrere Fähren legen hier an und benötigen für die Überfahrt nach Korsika zirka eine Stunde.

Ich verbleibe hier nur kurz auf einen Rundgang und auf einen Cappuccino in einem kleinen Straßencafé. So sehe ich auch die Sandbucht Rena Bianca, die sozusagen der Hausstrand von Santa Teresa Gallura ist. Vor dem alten Wehrturm befindet sich am Ortsrand ein kostenfreier Parkplatz, von dem sich alles gut zu Fuß und auf kurzen Wegen erkunden lässt. Auf einem größeren Aussichtsplateau in Richtung Wehrturm wurde ein sehr großer Kompass in den Boden eingelassen, der durch, einen Edelstahlrahmen und einer dicken Glasplatte geschützt, begehbar ist. Alles was hier zu sehen ist gefällt mir sehr gut.

Danach fahre ich auf meiner Suzuki V-Strom weiter an das Kap namens Capo Testa. Zum Capo Testa geht es nur ein kleines Stück Richtung Westen. Unterwegs sehe ich immer wieder ganz bizarre und wunderschöne Granitfelsen, die mitten im Grünen der Bäume und Sträucher liegen. Dieser Anblick fasziniert mich immer wieder. Um das Capo Testa befinden sich viele kleine Strände zwischen den Felsformationen, wie z.B. der Spiaggia Zia Culumba.

Auf der Halbinsel befindet sich auch das bekannte Valle della Luna, in dem während der 68er zahlreiche Hippies und Aussteiger lebten, bis das Zelten außerhalb der ausgewiesenen Campingplätze verboten wurde und gegen Verstöße rigoros vorgegangen wurde. Inzwischen leben wieder einige wenige Aussteiger im Valle della Luna. Ihre einfachen Behausungen befinden sich in den verschiedenen Höhlen des Tales. In Sardiniens Hauptsaison wird auch das Wildcampen geduldet, so lassen sich in den Morgenstunden meist mehrere Zelte von Rucksacktouristen im Tal ausmachen.

Der Tag schreitet voran und ich mache mich auf den Weg nach Tempio Pausania. Zuerst fahre ich mit dem Motorrad immer an der Küste Richtung Südosten bis Vignola Mare entlang und dann biege ich links ab auf eine ganz kleine Straße über Aglientu bis kurz vor Luogosanto. Die kleinen Straßen sind der Hammer und verlangen bei zügiger Fahrt, in den engen Kurven und bei starkem Gefälle, sowie heftigen Steigungen, alles ab.

Vor Luogosanto geht es rechts ab auf die Straße 133, diese führt direkt und relativ flott nach Tempio Pausania. Auf dem ganzen Weg sehe ich immer wieder lockere Korkeichenwälder, dessen unterer Bereich der Korkrinde geschält wurde. Die Korkeiche ist ein immergrüner Laubbaum des westlichen Mittelmeerraums aus der Gattung der Eichen. Sie stellt geringe Ansprüche an die Bodenbeschaffenheit und erträgt Dürre. Aus der dicken Korkschicht des Stammes wird natürlicher Kork gewonnen. Ein einzelner Baum kann während seines Lebens bis zu zweihundert Kilogramm Kork liefern. Geschält wird nur der untere Hauptstamm über dem Boden. Diese Arbeit ist reine Handarbeit und erfolgt rund alle zehn Jahre, bis der Kork am Stamm wieder natürlich nachwächst. Auf dem Weg nach Tempio Pausania kommt mir eine Gruppe mit alten Oldtimern und teuren Sportwagen entgegen. Der Anblick dieser schönen und gepflegten Fahrzeuge begeistert mich.

In Tempio Pausania angekommen, stelle ich mein Motorrad im Schatten der Altstadt ab und laufe zu Fuß durch die kleinen und wunderschönen Gassen. Da der Ort auf über fünfhundertfünfzig Meter liegt ist es nicht ganz so heiß und es weht ein angenehmes Lüftchen. Von der knapp vierzehntausend Einwohner zählenden Stadt besuche ich nur die Altstadt, die auch den Bischofs- und Gerichtssitz innehat. Besonders beeindruckend sind die vielen Häuser aus hellgrauem Granit, sie wirken ein wenig kühl und schaurig-schön in ihrer Art als Gesamtkunstwerk. Auch die Kirchen wurden hier so erbaut. Selbstverständlich besuche ich auch das Atelier von Anna Grindi (Via Roma 34), in dem alles aus Kork in ihrem Schaufenster und dem kleinen Geschäft gezeigt und verkauft wird. Sie stellt alle Produkte, wie Taschen aller Art, Schuhe und sogar Kleider aus Kork, selber her. Danach bekam ich so einen Durst, dass es ein großes sardisches Bier sein musste. In einer kleinen Straßenbar bestellte ich ein eiskaltes Ichnusa Bier aus Sardinien in der 0,66 Liter Flasche. Seit neunzehnhundertzwölf wird das traditionelle Bier auf Sardinien gebraut und im Jahre neunzehnhundertsechsundachtzig wurde die Brauerei von Heineken übernommen.

Das Bier war so lecker, dass ich mir am liebsten noch eins bestellt hätte, aber ich muss auch an meinen Führerschein denken, den ich noch benötige.

Von Tempio Pausania fahre ich direkt nach Castelsardo und lasse mich von meinem Navi leiten, dabei steuere ich kurz vor dem Ziel den interessanten Elefanten aus Stein am Straßenrand an, der sich natürlich und zufällig so formte. Da standen vor mir schon ein paar Biker aus meiner Gegend in Baden-Württemberg und fotografierten den Felsen. Natürlich gab es ein wenig zu quatschen unter Bikern. Danach fuhr ich über Castelsardo und Sorso nach Sassari, um von dort auf die Schnellstraße zu gelangen. Im flotten Tempo ging es auf der autobahnähnlichen Schnellstraße 131 bis kurz vor den Lago Omodeo, um danach über die ganz kleinen Bergstraßen bis Samugheo zu fahren. Auf diesen kleinen Straßen gibt es extreme Steigungen und Gefälle mit ganz kleinen Kurven und teilweise schlechtem Straßenbelag und ordentlichen Schlaglöchern. Hier sollte man immer das Navi einschalten, um zu sehen wie der Straßenverlauf erfolgt, denn oftmals sorgen diese kleinen Bergstraßen für Überraschungen. Wer natürlich viel Zeit mitbringt und langsam fahren möchte, der kann auf das Navi verzichten. Aber immer daran denken, auf Sardinien wird oft am Morgen oder gegen Abend das Vieh, wie Schafe, Ziegen, Kühe, Pferde oder Esel vom Bauernhof über die Straße auf die Weidegründe, oder zurück, getrieben. Das Risiko ist zu diesen Tageszeiten relativ groß, ganz unerwartet nach der nächsten Kurve in eine Herde hinein zu fahren oder auf ihren Hinterlassenschaften aus der Kurve geschleudert zu werden. Ebenso gefährlich sind die großen Busse, Lkw, Wohnmobile oder sonstige übergroße Fahrzeuge, die mehr als eine Spur auf den kleinen Bergstraßen benötigen. Zwar ist die Verkehrsdichte hier extrem gering, aber meistens kommt es dann ganz unverhofft.

Auf der gesamten Tour war ich sehr erstaunt wie viele schöne und große Seen es auf Sardinien gibt. Am späten Nachmittag kam ich nach knapp vierhundert Kilometer in meiner Pension an und parkte direkt vor der Pizzeria Albergo da Bittu, die auch sechs Gästezimmer mit Frühstück vermietet. Das Motorrad abgestellt, freute ich mich schon auf eine erfrischende Dusche in meiner Pension. Aber alle Türen waren verschlossen und so erfuhr ich vom kleinen Tante-Emma-Laden nebenan, dass die Pizzeria immer am Dienstag geschlossen hat. Also rief ich beim Vermieter an er wollte sofort vorbeikommen, was ich so ohne italienische Sprachkenntnisse vernahm, denn der Besitzer konnte kein Englisch oder gar Deutsch. Vom Tante-Emma-Laden holte ich mir ein kühles Getränk und setzte mich in den Biergarten der Pizzeria und wartete. Nach über einer Stunde kam er und seine Familie angefahren. Sofort musste ich meine Unterkunft für die komplette Zeit bezahlen. Als kleine Aufmerksamkeit kochte er ausnahmsweise für mich und auch der Rotwein ging wegen den Unannehmlichkeiten aufs Haus. Zum Abendessen orderte ich gegrillte Calamari mit Kartoffelchips und Gemüse, sowie einen gemischten Salat. Das Essen war gut, aber die Rechnung noch besser, denn ich stellte fest, dass ich für die Tischdecke und das Brot auf dem Tisch bezahlen musste, obwohl ich nichts davon gegessen hatte! Ich möchte vorab schon sagen, dass ich dort öfters aß und nur in dieser Pizzeria diese Gebühren zu bezahlen hatte. Das Essen war immer gut, aber mich störten diese Zusatzkosten. Mein Zimmer war geräumig und gut klimatisiert, das Bett o.k. und die Dusche funktionierte gut. Allerdings war es ein wenig laut, weil die Fenster und der Balkon zur Durchgangsstraße ausgerichtet waren. Grundsätzlich macht mir das recht wenig aus, weil ich nicht mehr gut hören kann, aber Gäste die dort waren, hatten dies oft bemängelt. Zum Frühstück gab es ein leckeres Croissant, ein Glas Saft, Kekse, Marmelade und einen guten Cappuccino, ganz selten ein wenig kleingeschnittenes Obst. Käse, Schinken, Eier, Omelette, Wurst, frisches Obst oder gar ein Joghurt gab es hier leider nicht.

Nach dem Abendessen richtete ich mich in der Pension ein und nahm noch eine erfrischende Dusche, bevor ich ins Bett ging und in einen tiefen und erholsamen Schlaf fiel.

Am nächsten Morgen lief ich nach der Morgentoilette hinunter in das Restaurant, und nahm mein italienisches Frühstück ein. Dabei plante ich in aller Ruhe meine Tagestour und gab die Stationen später in mein Navi ein. In das Topcase des Motorrades packte ich meine Badesachen und eine große Flasche Wasser, sowie meine Kamera, die natürlich nie fehlen durfte.

Leicht gekleidet, aber dennoch mit der sicheren Motorradkluft startete ich die neue Tagestour auf der zweitgrößten Insel Italiens. Nach Sizilien liegt Sardinien mit seinen rund vierundzwanzigtausend Quadratkilometern und über eine Million sechshunderttausend Einwohnern auf Platz zwei. Die autonome Region Sardinien besteht aus der Hauptinsel und den kleinen vorgelagerten Inseln, dessen Hauptstadt Cagliari, mit über hundertfünfzigtausend Einwohnern im Süden der Hauptinsel liegt. Einschließlich der kleinen vorgelagerten Inseln erreicht Sardinien eine Küstenlänge von über tausendachthundertachtundvierzig Kilometern. Einige Küstenabschnitte haben so bekannte und schön klingende Namen wie Costa Smeralda, Costa Rei, Costa Verde, Costa Paradiso und Costa del Sud. Die höchste Erhebung Sardiniens ist der Berg Punta La Marmora, der mit über tausendachthundertvierunddreißig Metern Höhe über dem Meeresspiegel ragt. Mit geringem Höhenunterschied folgt der Bruncu Spina im zentral gelegenen Gebirge Gennargentu und im Norden der tausenddreihundertneunundfünfzig Meter hohe Monte Limbara. Hauptsächlich im Süden von Sardinien wird Gold-, Silber- und Eisen gefunden. Dessen Fördertürme und Fabriken sind heute noch als Zeugen der Glanzzeit dieser Epoche, in Form von gut erhaltenen Ruinen, leicht zu erkennen. Mit hundertfünfzig Kilometer Länge ist der Fluss Tirso am längsten, gefolgt wird er vom etwas kürzeren Fluss Coghinas und Flumendosa, sowie dem teilweise schiffbaren Temo. Darüber hinaus wird die gesamte Insel von vielen schönen und wilden Flüssen durchzogen.

Mein erster Streckenabschnitt führt mich auf einer sehr kleinen Bergstraße hinunter von Samugheo in das kleine Dorf Tuili.

Unterwegs gibt es sehr schöne Granitfelsen mitten in der herrlichen grünen Baumlandschaft zu sehen, sowie einen kleinen Fluss, den ich auf einer schmalen und rostigen Brücke überquere. Am Straßenrand und auf dem Straßenasphalt sonnen sich in den frühen Morgenstunden gern diese schwarz-grünen Nattern. Diese schlanken Tiere messen hier eine Länge von ungefähr eineinhalb Meter und flüchten relativ schnell, was leider nicht immer ausreicht und sie dann platt gefahren werden. In Tuili wohnen knapp tausend Menschen auf einer Höhe von über zweihundert Meter. In diesem Dorf sind zwei kleine Kirchen, namens Chiesa di San Pietro Apostolo, die im Renaissance Stil erbaut wurde und die Chiesa di Sant'Antonio Abate, diese erinnerte mich an Kirchen in Spanien, zu besichtigen. Die Türen der beiden Kirchen stehen offen und sie dürfen besucht werden. Im Innern der alten und dicken Mauern gibt es schöne Altäre zu sehen, zudem ist die Luft erfrischend kühl, was mich als Motorradfahrer ganz besonders freut.

Zwischen Tuili und Barumini münden mehrere kleine einspurige Teerstraßen als Zubringer in eine steil nach oben führende Straße zum Plateau Giara di Gesturi. Diese Zubringerstraßen sind mit Holzschildern und Pferden darauf gut sichtbar gekennzeichnet, man kann sie nicht verfehlen. Mitten auf der Anhöhe befinden sich Höhlengräber aus der Epoche zwischen Ende der Neusteinzeit, ab viertausend vor Christus und der Kupfersteinzeit, ab dreitausendfünfhundert vor Christus. Das gezeigte und gut erhaltene Höhlengrab von Domue'e s'Orcu besteht aus einem Flur und sechs verschieden großen Räumen. Nach der Lokalfantasie wohnte hier ein menschenfressender Orcu, der dieses sogenannte unterirdische Feenhaus von Setzu mit menschlichen Knochen gefüllt hatte. Die historische Wissenschaft sieht hier nach der sardischen Tradition die Feen Janas und den schrecklichen Orcu, denn diese sind in der Verantwortung, wenn unerklärliche Ereignisse und Begebenheiten zu erklären sind, so wie diese antiken unterirdischen Gräber Domus de Janas, die Feenhäuser von Setzu.

Nach der kostenfreien Besichtigung fahre ich mit der V-Strom der steilen einspurigen Straße folgend bis zum Plateau. Oben auf er großen Ebene angekommen, steht auf der rechten Seite ein kleines Haus, in dem man sich u.a. Fahrräder ausleihen kann. Mein Weg führt aber an dem Haus vorbei, direkt zum großen Plateau. Nach ein paar Metern wechselt der Belag in eine unbefestigte und natürliche Stein- und Felspiste. Rund hundert Meter nach dem Belagwechsel sieht man schon auf der rechten Seite die riesige grüne Weidefläche der Wildpferde, die zwischen den Felsen und Korkeichen umrandet liegt. Die etwa zwölf Kilometer lange und durchschnittlich fünf Kilometer breite Basalthochfläche Giara di Gesturi bildet im Winter durch den undurchlässigen Basalt große Wasserflächen. Im Sommer hingegen ist das Wasser hier Mangelware und die sechshundert registrierten Wildpferde werden in den trockenen Sommermonaten von den Dorfbewohnern mit Wasser, durch große Tankfahrzeuge, versorgt. Es leben hier nicht nur Wildpferde, sondern auch Ziegen, Schafe und verwilderte Hausschweine. Nachdem ich mein Motorrad abstellte und zu Fuß die Gegend erkundete, bestaunte mich sofort eine größere Herde weißer langhaariger Ziegen. Aber dann erblickte ich etwas entfernt mehrere Wildpferde auf der Weidefläche, zwischen den hellen Felsen, beim Grasen. Bei diesem wunderschönen Anblick schlug mein Herz höher, zumal ich glücklich war überhaupt die edlen und robusten Wildpferde zu sehen. Schnell nahm ich meine Kamera und schoss ein paar schöne Fotos. Eine ganze Weile genoss ich in aller Ruhe und ganz alleine diesen herrlichen Anblick der Wildpferde, bis ich mich schließlich weiter auf den Weg machte, um nach Ingurtosu zu fahren.

Vom Plateau aus fuhr ich die gleiche Straße bis zur Verbindungsstraße von Tuili nach Barumini zurück und bewegte mein Motorrad über die kleinen Verbindungsstraßen. Unterwegs, nach Barumini entdeckte ich gleich auf der rechten Seite der Straße das berühmte Nuraghe Su Nuraxi. Dies ist eines der am besten erhaltenen und wichtigsten Zentren der Nuraghenkultur. Dieser spektakuläre nuraghische Wallfahrtsort liegt auf einer flachen Hügellandschaft und besteht aus einem Tempelbezirk, dem ovalen antiken Sportplatz (Stadion) in dem Wettkämpfe ausgetragen wurden und einem sehr gut erhaltenen unterirdischem Brunnenheiligtum. Nach diesem Zwischenstopp und der Besichtigung der Anlage fuhr ich wieder Richtung Ingurtosu über Furtei nach Samassi Richtung Villacidro auf die Schnellstraße 196 nach Guspini. Danach an Arbus vorbei und rechts ab auf die sehr kleine Bergstraße nach Ingurtosu. Kurz nach diesem idyllisch liegenden Örtchen und den Resten von Bergbauruinen verlief die Straße in einen wilden Naturpfad, der eigentlich nur aus Schlaglöchern und Unebenheiten bestand. Hier war ich über die Wahl meines Fahrzeugs, nämlich einer Reiseenduro sehr zufrieden, denn das

war genau das Terrain wofür dieses Motorrad gebaut wurde. Den Autofahrern die diese Piste fahren mussten, sah man die Angst um ihre Fahrzeuge in ihren Gesichtern an. Sie konnten alle nur im Schritttempo fahren, um ihr Fahrzeug unbeschädigt um die vielen Schlaglöcher zu führen.

Auch die Motorradfahrer mit ihren schönen Straßenflitzern kamen schnell an ihre Grenzen, weil die Bodenfreiheit und die Lenker für dieses Terrain ungeeignet waren. Kurz vor dem Strand musste nochmal ein kleiner flacher Bach durchfahren werden, auch dies stellte für mein Fahrzeug kein Problem dar. Im Gegenteil, mir machte diese Off-Road Etappe richtig viel Spaß, nur an das anschließende Putzen der V-Strom wollte ich noch nicht denken. Den kostenfreien Sandparkplatz des wunderschönen breiten und sehr langen Strandes der Costa Verde, auf der Südostseite von Sardinien, erreichte ich und mein Motorrad ganz unbeschadet. Zum Glück habe ich immer eine kleine Blechplatte dabei, die bei weichem Untergrund unter den Seitenständer der V-Strom gelegt wird, so versinkt dieser nicht im Sand und das Motorrad steht stabil. Die spärlich bewachsenen, über dreihundert Meter hohen Dünen gehen nahtlos in den sehr breiten und flachen Sandstrand über. Die Landschaft mit den größten Dünen Sardiniens, zeigt auf der einen Seite den grünen dichten Wald und auf der anderen Seite den feinen weißen Sandstrand und das blaue Meer. Dies ist ein fantastisches Bild für die Seele, ich fühle mich wie im Paradies. Die wunderschönen und gewaltigen Dünen erstrecken sich von Capo Pecora bis über den Strand Costa Verde. Zwischen den Dünen rinnt ein kleiner Bach ins Meer und zu beiden Seiten wurde je ein einfaches Restaurant mit tollem Ausblick und Süßwasserduschen gebaut. Ein sauber verlegter Holzsteg führt zu den Restaurants und an den Sandstrand. Mich hält nichts mehr, hier muss ich eine Runde schwimmen und mich ein wenig am schwach frequentierten Strand erholen.

Auf der Weiterfahrt wollte ich den Off-Road Pfad über Marina di Arbus fahren, aber nach ein paar hundert Meter kam ein Fluss mit einer Breite von über fünf Metern, sowie einer

Wassertiefe von mehr als einem Meter und dann durfte ich wieder umdrehen, denn das schaffte ich mit meinem Motorrad leider auch nicht. Also hieß es den gleichen Weg zurück bis Arbus und anschließend immer der Straße 126 über Guspini, Terralba, Arborea bis Oristano folgend. Möglich wäre es auch über die Autobahn zu fahren, aber als echter Biker fährt man lieber die kleinen Straßen, auf denen auch was zu sehen ist. Neben der ganz flach verlaufenden Straße 126 liegen viele flache Brackwasserseen, in denen sich Flamingos ihre Mahlzeit suchen. Bei den sardischen Tieren sind nur die Enden der Flugfeldern rosa gefärbt, der Rest ist schneeweiß. In diesem sehr dünn besiedelten Gebiet finden die Tiere noch Ruhe und Nahrung. Von Oristano fahre ich die flache und fast gerade Straße durch bis an das Cap Capo San Marco. Ein paar Reiskornstrände schaue ich mir am Cap an, diese Strände sind aus Quarzkies und erinnern an Reiskörner, daher der Name. So etwas gibt es nicht oft und sollte unbedingt erlebt werden. Aber Achtung, das mitnehmen des Quarzsandes ist bei hoher Geldstrafe verboten. Dann entscheide ich mich für den schönen und einsamen Strand auf der rechten Seite der Landzunge, direkt vor dem Wehrturm. Das türkisblaue Wasser ist herrlich frisch und lädt unbedingt zum Schwimmen ein. Wer nach dem Strandgang Lust auf ein Bier, Wein, Aperol-Spritz, oder etwas Gutes zum Essen hat, der kann seine Bedürfnisse an den Restaurants des kostenfreien Strandparkplatzes stillen. Zum Schluss laufe ich noch zum fünfzig Meter hohen Wachturm, schaue mir die Halbinsel an der Spitze des Caps an und besuche die interessanten historischen Ausgrabungsstätten der ehemaligen Stadt Tharros. Hier ist die größte punisch-römische Stadt Sardiniens zu sehen. Auch wenn bisher nur das Stadtzentrum freigelegt wurde, kann man die Ausmaße durch die gut erhaltenen Tempel und Thermen der einstigen Hafenstadt erahnen. Hier wird allerdings ein Eintrittsgeld verlangt.

Nun ist es doch schon recht spät geworden und ich wähle den schnellsten Weg über Oristano nach Samugheo. Nach Oristano kann man es ganz schön krachen lassen, denn die Straße ist sehr breit und überschaubar, sie führt sogar durch einen Tunnel. Hier stehen zwar Straßenschilder mit max. 50 km/h aber alle

Sarden preschen hier mit über hundertdreißig auf der ansteigenden Teerstraße. Auf den letzten Kilometern wird die Stecke kurviger und es gibt weniger Schlaglöcher. In meiner Pension angekommen, habe ich wieder weit über dreihundert Kilometer zurückgelegt. Nach einer erfrischenden Dusche bestelle ich mir eine leckere Fischplatte mit frischem Carpaccio vom Tunfisch und weiteren Fischsorten, sowie einen Salat mit Meeresfrüchten. Es schmeckte hervorragend, dazu noch der kühle Weißwein und der Tag war ein voller Erfolg.

Ich schlief wieder hervorragend und am nächsten Morgen startete ich, nach meinem italienischen Frühstück, die große Bergtour in Richtung Osten von Sardinien bis zum Meer an die Küste und im großen Bogen über die Gebirgszüge des Monti del Gennargentu mit seinem Berg Punta la Marmora mit über tausendachthundertvierunddreißig Metern und dem Bruncu Spina mit tausendachthundertneunundzwanzig Metern Höhe über dem Meer, wieder nach Samugheo zurück.

Vor dem Start fotografierte ich noch schnell die Aussicht vom Balkon meines Zimmers auf den gegenüberliegenden Gemüse- und Fischladen, sowie ein paar Minuten später die Unterkunft mit der Pizzeria Albergo Da Bittu mit ihrer rot-weißen halbrunden Außenfassade.

Nach Samugheo verlief die Etappe auf den kleinen Bergstraßen über Asuni bis zur Straße 442, dann links abgebogen nach Laconi auf einer etwas größeren Straße weiter über Mandas bis Serri, die auch kurvig verläuft. Auf der Höhe von Serri biege ich in die kleine Straße 198 nach rechts. Diese fantastische Bergstraße führt an Villanova Tulo vorbei, um den wunder- schön gelegenen Bergsee Lago del Flumendosa bis zum Ort Sadali. Die erste Sicht auf diesen von Bergen umrahmten See faszinierte mich so, dass ich erst einmal vom Motorrad abstieg und mir alles anschauen musste, dabei entdeckte ich neben der Straße eine Schildkröte im Gebüsch, natürlich musste die aufgenommen werden. Auf ganz Sardinien lebt noch eine relativ große und gesunde Population von Landschildkröten.

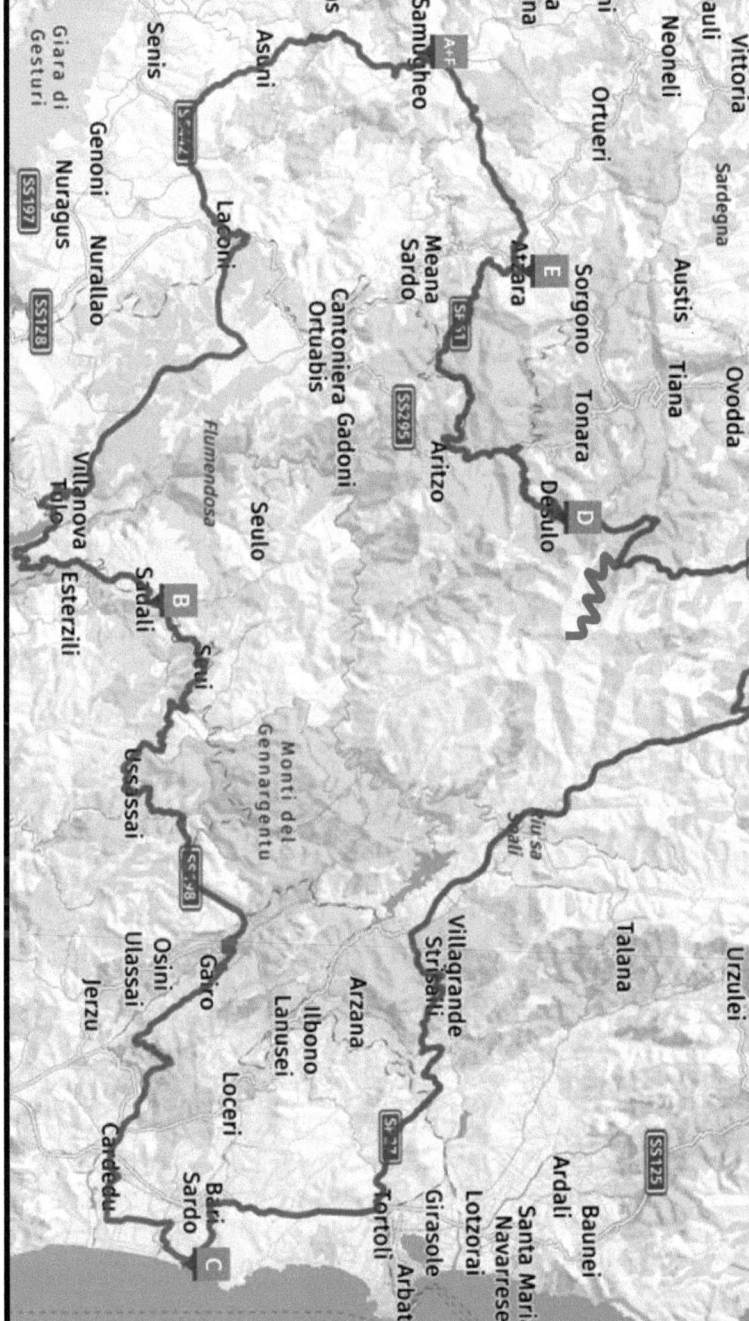

Auch auf der anderen Seite des großen Sees stoppte ich nochmals auf der Anhöhe einer Aussichtsplattform über dem Lago del Flumendosa. Hier hielten weiter Motorradfahrer an, um die atemberaubende Fernsicht auf und über den See zu genießen. Dabei kamen wir ins Gespräch, zumal es deutsche Biker waren, die mit ihren schweren BMW-Motorrädern durch die Kurven düsen. Die Straße 198 ist in diesem Bereich bis Sadali komplett neu und perfekt geteert. Kein Wunder, dass sich hier so viele Motorradfahrer treffen, um die extrem kurvenreiche und perfekte Bergstraße entlang zu heizen. Manch ein Biker fährt dermaßen am Limit, dass ich schon anfange zu glauben, dass ich auf einer Rennstrecke bin. Es sieht einfach nur genial aus, wie die Motorräder oftmals aneinandergereiht, wie eine Perlenkette, die Piste mit hoher Geschwindigkeit und extremer Kurvenlage entlang donnern.

Im Ort Sadali, der sehr schön am Hang liegt, leben rund eintausend Menschen auf über siebenhundert Metern Höhe. Er ist für seinen Wasserreichtum und seine beiden großen Tropfsteinhöhlen bekannt. Das Zentrum des Ortes liegt ebenfalls an einem steilen Hang, an dem der Cascata Sa Pischeria entspringt. Der Waschplatz, den die Frauen des Ortes noch heute benutzen, liegt oberhalb eines Wasserfalls, der sich in einen kleinen Mühlenteich ergießt. Benachbart befindet sich das Bruchsteingebäude der alten Mühle. Auf jeden Fall schaue ich mir den romantischen Wasserfall Cascata di San Valentino an, dieser stürzt sich auf ein paar Meter über einen moosbewachsenen Felsen in ein kleines natürliches Becken. In dem glasklaren Wasser schwimmen große und fette Bergforellen, die man fast mit der Hand greifen kann. Der ganze Hang ist mit fließendem Wasser, kleinen Quellen, Natursteinen und grünen Moosen oder kleinen Farnen versehen, die manch eine Frau ganz romantisch werden lässt. An den Natursteinwänden des steilen Hanges sind immer wieder alte Fotos der Dorfbewohner zu sehen. Das finde ich eine sehr gute Idee, um sich ein Bild aus der Vergangenheit und der Geschichte der Ortschaft zu machen. Ebenso spektakulär ist das Wasserloch Su Stampu de su Turrunu, denn hier schießt ein Wasserstrahl zu jeder Zeit aus einer Öffnung in der Felswand.

Als Nächstes besuche ich die alte Pfarrkirche San Valentine, in Sadali, sie stammt aus dem vierzehnten Jahrhundert. Unweit dieser Kirche steht das so genannte ethnographische Haus Omu e Zia Crameila. Die Grotta de is Janas, übersetzt die Grotte der Feen, die zu den besten Schauhöhlen der Insel gehört, liegt etwa drei Kilometer außerhalb des Ortes, in einem alten Steineichenwald. Die zweite bekannte Grotte ist die Omu e Zia Cramelia. Es gibt hier in Sadali noch einen Bahnhof mit einer Schmalspurbahn, die von Mandas nach Arbatax führt und nur im Sommer betrieben wird.

Auf dem Rückweg zu meinem Motorrad, der den Hang hinaufführt, kommen mir in den kleinen Gassen bunte Motorcross Motorräder entgegen. Sie haben alle eine große Nummer auf allen Seiten der Fahrzeuge, deshalb vermute ich, dass dies ein Wettkampf ist, zumal sie es alle sehr eilig hatten.

Meine Tour führt mich weiter über die Schnellstraße 198, an den Ortschaften Seui, Ussasai, Lanusei bis zur Kreuzung vor Gairo und dort rechts ab durch die Ortschaften Ulassai, Jerzu, danach auf die 125 Richtung Norden nach Bari Sardo. Von dort wieder rechts ab, direkt nach Torre di Bari. Die Strecke ist sehr kurvenreich, steil, oftmals stark abfallend und der Straßenbelag nicht immer gut. Es ist etwas anstrengend, denn die Straße verläuft nicht immer so wie man es sich vorstellt. Unterwegs liegen auf dieser Strecke wenige Bergdörfer, die schön und wildromantisch anzuschauen sind. Ein neues Dorf liegt extrem am Hang und etwas darunter erstreckt sich das alte und verlassene Dorf, das nur noch aus Ruinen besteht. Dennoch ist dies wunderschön und einmalig in seiner Ansicht.

Dann erreiche ich schließlich den kleinen Ort Torre di Bari an der Ostküste. Hier kann ich direkt parallel zum Strand kostenfrei im Schatten parken und habe nur ein paar Meter zum breiten Sandstrand. Das gefällt mir sehr gut, zumal schon über neununddreißig Grad im Schatten angezeigt werden. Da brauche ich erst einmal einen großen Schluck Wasser aus meiner mitgebrachten Flasche. Dann ziehe ich mich schnell um und genieße das herrlich frische Meerwasser am dünn frequentierten Strand. Der historische Wehrturm auf der Landspitze am Ende des Strandes erfreut sich großer Beliebtheit bei den Badegästen. In seinen kleinen felsigen Nischen wird er von verliebten Pärchen ebenso genutzt, wie von den heimlichen FKK-Fans oder ganz am Ende von den Anglern. Übrigens ist das Angeln am Meer für jedermann kostenfrei erlaubt, nur im Brackwasser oder im Süßwasser wird eine kostenpflichtige Angellizenz verlangt. Wer dies nicht einhält und erwischt wird, der muss mit hohen Geldstrafen rechnen. Hier verstehen die Sarden keinen Spaß. Obwohl der Stand so schwach frequentiert ist, gibt es doch recht schöne Anblicke, die von alleinreisenden Herren sehr gerne wahrgenommen werden.

Der kleine verschlafen wirkende Ort Torre di Bari beherbergt ganz wenige private Hotels und Campingplätze, sowie schön gelegene Häuser der Einwohner und ein paar kleine Mietobjekte. Für mich ist das hier ein echter Geheimtipp, zumal die zwei langen Strände immer recht leer sind.

Nach dem erfrischenden Bad im warmen Mittelmeer bereite ich mich auf die Fahrt über die Bergregion vor. Alles sicher verstaut, drücke ich den Elektrostarter meiner V-Strom und schon geht es los. Die Straße 125 fahre ich über Bari Sardo bis Tortoli und biege anschließend auf die 198 Richtung Westen ab. Vor und nach Lanusei bietet die Bergstraße oft über zehn Prozent Steigung, was mit dem Motorrad wiederrum viel Freude macht. Nach der Straße 125 wechsle ich auf die Straße 389, die mir eine atemberaubende Sicht auf den See Lago Alto del Flumendosa beschert. Eine Weile folge ich der Straße 389 Richtung Nordosten und biege auf eine ganz kleine Bergstraße Richtung Fonni ab.

Nach einer echten Kurvenjagt erreiche ich das am höchsten gelegene Bergdorf Sardiniens mit über eintausend Metern. In Fonni leben knapp viertausend Einwohner in alten Natursteinhäusern und Neubauten. Die ausgemalte Wallfahrtskirche Madonna dei Martiri besitzt ein historisches Madonnenbild, das bei dem Trachtenfest Sagra della Madonna dei Martiri, dessen einstiger Anlass waren Transhumanzfeierlichkeiten, im Juni durch die Straßen getragen wird. Aber mich interessiert viel mehr die fantastische Höhenstraße bis Desulo. Auf der ich mittendrin die kleine Strichstraße abbiege, die mich mit meiner V-Strom zum Monte Spada bis zur Talstation des Skilifts führt. Allerdings wurde der Skilift hier abgerissen und für den Neubau fehlt der Gemeinde das nötige Kleingeld. Von hier aus geht es nur noch zu Fuß auf die Bergspitze des Monte Spada, der ganz knapp tausendsechshundert Meter erreicht. Dazu fehlt mir aber die Ausrüstung und die Zeit, deshalb fahre ich weiter zurück auf die Höhenstraße nach Desulo. Diese sehr kleine und kurvenreiche Höhenstraße hat es in sich, denn nach jeder Rechtskurve folgt eine Linkskurve, usw., hier muss man gut aufpassen, zumal der Straßenbelag nicht der Beste ist.

Das Dörfchen Desulo, mit rund zweitausendzweihundert Einwohnern besitzt trotz der Abgeschiedenheit in den Bergen einen Bahnhof, der über einen Anschluss an die Schmalspurstrecke der Bahn von Isili nach Sorgono verfügt. Desulo ist bekannt für seine sardische Kultur und Tradition. Die roten Trachten werden von den Frauen hier sogar täglich getragen. Weil dieser Ort aber auch für seine deftigen Wurstwaren bekannt ist, kehre ich in eine kleine Straßenkneipe ein und nasche zu meinem großen Ichnusa Bier ein wenig davon. Die Wurst schmeckt wirklich lecker zu dem frischen sardischen Brot, das eigentlich mehr einem ganz dünnen und harten Knäckebrot ähnelt. Dieses Brot ist hauchdünn, halbrund und durchzogen von dunklen Röststellen, es schmeckt zum sardischen Käse ebenso gut wie zum geräucherten Schinken, oder wie in meinem Fall zu den deftigen Wurstwaren. Aber auch zu einem Glas Wein oder Bier lässt es sich einfach so naschen.

Nach der Pause fahre ich weiter auf der Höhenstraße nach Aritzo. Dieser Ort liegt ganz im Grünen zwischen Kastanienwäldern und Korkeichenhainen auf über achthundert Meter Höhe am Westhang des Gennargentu. In dem quellreichsten

Ort Sardiniens leben nur tausenddreihundert Einwohner. Aritzo ist bekannt für seine schöne Lage und der guten Luft, weshalb hier sogar Italiens König Umberto der Erste die Sommermonate hier verbrachte, sowie es heutzutage viele Italiener tun. Man kennt diese Ortschaft aber auch wegen der Kastanien und dem Monte Texile, der einen auffälligen Fels besitzt und Kulturstätte der Nuragher war.

Eine ganz kleine Höhenbergstraße führt von Aritzo direkt nach Atzara, natürlich muss ich diese kurvenreiche Straße fahren. Da mir die Zeit ein wenig davonläuft, schaue ich mir dieses hübsche Dörfchen, mit rund tausend Einwohnern, nicht an und fahre direkt weiter auf einer sehr kleinen Bergstraße bis Samugheo zu meiner Pension.

Nach weit über dreihundert Kilometern ist der Pegel im Tank der V-Strom wieder stark gesunken und ich fülle in Samugheo an der Tankstelle nach. Leider kostet das Benzin heute fast zwei Euro. Anschließend reinige ich mein Motorrad und fahre zur Unterkunft, um dort zu duschen und danach eine große Portion Spaghetti Carbonara mit Schinken und Käse zu essen. Dazu gönne ich mir einen gemischten Salat und ein großes Ichnusa Bier. Mit diesem Tag und den tollen Bergetappen war ich sehr zufrieden.

Das Wetteramt sagt für den nächsten Tag eine dichte Wolkendecke voraus und Temperaturen bis neununddreißig Grad im Schatten. Nach meinem italienischen Frühstück am nächsten Morgen, das ich im Biergarten der Pizzeria einnahm, bestätigte sich leider das vorausgesagte Wetter über Sardinien. Aus diesem Grund plane ich für den heutigen Tag nur eine kleine Runde, um evtl. nicht im Regen die Bergstraßen fahren zu müssen. Denn dies ist sehr gefährlich, vor allem für Zweiradfahrer, zumal der Tierkot verdünnt auf der Straße liegen kann, gegebenenfalls Blätter, kleine Zweige oder gar Sand den Straßenbelag drastisch verschlechtern.

Mit dem üblichen Zubehör, starte ich nach dem Frühstück, zu meinem ersten Tagesziel. Es geht von Samugheo über Allai, Siamanna, Simaxis, Sili bis nach Cabras.

Der Himmel war sehr dunkel und voller Wolken, aber es blieb trocken. Dennoch war es ein wenig unangenehm, weil durch die hohe Luftfeuchtigkeit und die hohen Temperaturen einem schnell sehr warm wurde, vor allem unter der schwarzen Motorradkleidung und dem Integralhelm. Es half nur noch der Fahrtwind durch die Motorradkleidung und den Helm.

In der Stadt Cabras, die auf neun Meter über dem Meeresspiegel liegt und rund neuntausend Einwohner beherbergt, halte ich hinter der kleinen Kirche Church of the Holy Spirit vor einer kleinen aber schicken Straßenbar. Dort kehre ich erst einmal ein und genieße einen leckeren Cappuccino, der hier ganz besonders schön mit Schokolade verziert wird. Dieses kleine Kunstwerk muss ich unbedingt fotografieren, bevor ich trinke und es dadurch zerstöre.

Cabras liegt recht flach am größten See des Sinis, der von einem breiten Schilfgürtel umschlossen ist. Die traditionellen, aus Schilfbündeln zusammengeschnürten Fischerboote, ls fassonis, kann man nur noch äußerst selten sehen. Im Nordteil des Sees, mit seinem flachen und gleichmäßigen Wasserstand, leben hunderte von Flamingos. Dieser See ist einer der fischreichsten Gewässer Italiens. Vor allem die Meeräsche kommt hier sehr häufig vor und wird von den Sarden von je her sehr geschätzt, weil der Rogen des Fisches zu sardischem Kaviar verarbeitet wird. Der Rogen wird getrocknet, gesalzen und anschließend in Scheiben geschnitten oder über die Pasta gerieben. Dieser Kaviar aus der Meeräsche diente lange Zeit als Grundlage und sicherte den sardischen Fischern das Überleben in dieser Region.

Im siebzehnten Jahrhundert gehörte der Ort der spanischen Krone, später den genuesischen Bankiers, die ihn einer Adelsfamilie aus Oristano verkauften. Die Erben des letzten Besitzers veräußerten den fischreichen See an die sardische Regierung. Bedingt durch den Fischreichtum im See, ist die Fischersiedlung Cabras für seine Fischlokale und dessen guten und frischen Fischgerichten bekannt. Unweit des Seeufers steht die Renaissance-Basilika Santa Maria. Im örtlichen Museum Civico wird hauptsächlich die Sammlung mit Funden aus der Nekropole Cuccuru S' Arriu und aus der phönizisch-römischen Stadt Tharros gezeigt, zudem gibt es eine Ausstellung zur Kultur, Ökologie, Flora und Fauna des Lagunensees Stagno di Cabras, der über zweitausend Hektar Fläche besitzt.

Nach dem leckeren Cappuccino schaue ich mir die kleine Kirche Church of the Holy Spirit, am zentralen Platz von Cabras, an. Die Kirche ist schlicht und einfach gemauert und die großen Flächen sind weiß verputzt. Auf der linken Seite steht ein hoher viereckiger Glockenturm, der im oberen Drittel aus sichtbarem Natursteinmaterial besteht, darin befindet sich eine große Uhr. Im Innenraum bleibt sich die schöne aber sehr schlichte Kirche ihrem Stil treu und ist hier auch ganz ohne Prunk. Trotzdem ist sie sehenswert und mich freut es immer, wenn die Kirchen schlicht und einfach bleiben, denn es zählt in diesen Gotteshäusern nur der Glaube und nicht die prunkvolle und teure Ausstattung.

Anschließend gehe ich ein paar Straßen weiter und besichtige die imposante Kirche Parrocchia Pieve di Santa Maria. Diese ist deutlich größer als die Holy Spirit und komplett aus sichtbarem Naturstein gemauert. In der Mitte des Hauptgebäudes ragt ein achteckiger gewaltiger Turm hervor, der durch ein halbrundes mehrfarbiges Ziegeldach geschützt wird. Der dagegen zierlich wirkende rechteckige Glockenturm wurde seitlich an das beeindruckende Bauwerk gebaut. Dies ist die größte Kirche der Diözese nach der Kathedrale im romanischen Stil. Sie hat einen erhabenen weißen Marmoraltar und dahinter einen hölzernen Chor. Die Balbiani-Vegezzi Bossi-Orgel ist ebenfalls ein wichtiger Teil für dieses Gotteshaus. Diese Kirche steht auf den Ruinen der Giudicale-Burg von Mar'e Pontis und ist die größte Kirche in Cabras, sie ist der Patronin der Stadt gewidmet. Es ist sehr interessant dieses Gebäude zu besichtigen, aber gedanklich zieht es mich zu meinem Motorrad, um in den nächsten kleinen Ort San Salvatore, Richtung Osten, zu fahren.

Die Straße ist schmal, ohne Kurven und total eben, weil sie auf der flachen Landzunge parallel zum Meer verläuft. Der kleine Ort San Salvatore ist sehr einfach und besteht im Prinzip nur aus einstöckigen kleinen aneinandergebauten Fischerhäusern. Früher waren es die Unterkünfte der einfachen Fischer, heute werden die kleinen Hütten wieder hergerichtet und als Sommerhäuser für die Urlaubszeit genutzt. Die einzige Abwechslung in diesem Örtchen ist die alte Landkirche mit ihrem Brunnenheiligtum aus der Zeit der Nuraghenkultur. Im linken Kirchenschiff, der aus dem achtzehnten Jahrhundert errichteten Pilgerkapelle, führt eine Treppe hinab in den mehrräumigen Hypogeum aus der Römerzeit. Ein nuraghischer Brunnen, ein christlicher Altar und Graffiti aus dem siebzehnten Jahrhundert, als das Hypogeum ein Gefängnis war, sind noch recht gut erhalten. Einmal pro Jahr Pilgern die Gläubigen zu dieser heiligen Stätte. Das Örtchen San Salvatore hat der eine oder andere bestimmt im Fernsehen schon gesehen, denn er wurde in den sechziger Jahren für Italowestern als Kulisse verwendet. Weil die kleinen Reihenhäuser aussehen als stehen sie in der sandigen Steppe von Mexiko. Ein kleines High-Light für dieses Örtchen ist der jährliche Barfußlauf von Cabras nach San Salvatore.

Weil es so warm und schwül ist, zieht es mich in die Western-kneipe gleich am Ortseingang. In bequemer Kleidung genieße ich hier ein großes Ichnusa Bier an der Bar. In dieser Kneipe und im ganzen Ort war ich der einzige Besucher. Da bleibt mir nur noch die Unterhaltung mit der netten und freundlichen Barfrau übrig. Weil sie auch noch gut englisch spricht, freue ich mich über die Konversation mit ihr.

Nach der interessanten Unterhaltung in der Bar zog ich mich ausnahmsweise nicht um und fuhr die paar Kilometer ohne Motorradkleidung bis zum Capo San Marco, um dort etwas zu entspannen und am Strand vor dem Wehrturm nochmals schwimmen zu gehen. Es war fantastisch, zumal die Sonne nicht brannte, weil der Himmel immer noch voller dunkler Wolken hing, aber es kam kein Tropfen Wasser herunter. Für Sonnenanbeter nicht das ideale Wetter, dennoch waren einige wenige Badefreunde am Strand. Immerhin hatten wir schon wieder neunununddreißig Grad im Schatten, da bot das frische Meerwasser eine herrliche Abkühlung. Es war so entspannend und beruhigend am Meer im Sand und mit der erfrischenden Brise, dass ich doch tatsächlich einschlief und mir dabei einen leichten Sonnenbrand holte. Als ich wieder erwachte entdeckte ich eine grün-gelb gepunktete Eidechse mit ungefähr dreißig Zentimeter Länge, so wie etwas später eine gelb-grün-schwarze Schlange mit rund eineinhalb Meter Länge. Beide Tiere waren sehr schön und makellos in ihrem Aussehen.

Nach der perfekten Entspannungsphase packte ich wieder alles zusammen und fuhr nach Oristano, quasi den gleichen Weg zurück, um dort die Innenstadt zu besichtigen. Mein Motorrad stelle ich direkt am Torre di Mariano II, oder auch Torre di San Cristoforo genannt, ab. Dieser alte und gut erhaltene Wehrturm, mit seiner oben angebrachten Glocke, steht mitten auf einem großen Vorplatz vor der Fußgängerzone der Altstadt. Die Provinzhauptstadt Oristano, die für den gleichnamigen Kreis verantwortlich ist, liegt auf rund neun Meter über dem Meer und es leben dort über zweiunddreißigtausend Einwohner. Oristano liegt nur rund acht Kilometer südlich von Cabras und

ist der Eingang zur Campidanoebene, sowie Knotenpunkt der sardischen Land- und Fischereiwirtschaft. Im vierzehnten Jahrhundert erlebte die Hauptstadt des Judikats Arborea ihre Blütezeit und verfiel anschließend in eine unauffällige Provinzstadt.

Meine Besichtigung starte ich zu Fuß durch die schönen kleinen Gassen, in denen es nur so von Shops und Restaurants wimmelt. Überall gibt es flauschige Sitzgelegenheiten, die von der Gastronomie in den gemütlichen Straßenzügen bereitgestellt werden. Besonders auffällig sind die großen und bunt bemalten Tonamphoren, die zur Dekoration überall in der Fußgängerzone aufgehängt sind. Gleich am Ende der ersten Gasse in der Altstadt erreiche ich die Piazza Eleonora d'Arborea. Dort steht die imposante Volksheldin auf einem beeindruckend großen Sockel. Sie wird bis heute noch von den Sarden verehrt. Auf der einen Seite des Platzes stehen schöne mehrstöckige Verwaltungsgebäude, die in den Farben gelb und rosa hervorstechen. Gegenüber erhebt sich die klassizistische Kirche San Francesco und nur ein paar Meter weiter dominiert die Kathedrale Santa Maria Assunta über den Dächern von Oristano. Ganz besonders beeindruckend ist ihre achteckige blaue Kuppel mit dem goldenen Sternenhimmel. Weiter geht es für mich durch die alten Gassen und in der nächsten entdecke ich ein schönes Kunstwerk. Es besteht aus vier weißen Frauenköpfen im unterschiedlichen Alter, die mit verschiedener Haarpracht und Kopfbedeckung je eine bunte Tonamphore auf dem Kopf tragen. Dieses Kunstwerk gefällt mir sehr gut, weil es die unterschiedlichen Zeiten im Leben einer Frau seriös darstellt und handwerklich die Gesichter sehr gut ausgeführt sind.

Nach dem Rundweg in der Altstadt gehe ich in einen Biergarten, in dem schon ein paar Biker zusammensitzen. Sie stellten ihre großen BMW-Reiseenduros direkt vor dem Restaurant ab, obwohl dies die Fußgängerzone ist, aber dies stört hier niemand. Im Gegenteil, die Passanten bestaunen die Motorräder der Weltenbummler und betrachten die vielen bunten Aufkleber der unterschiedlichen Länder auf den Aluminiumkoffern. Während des Gespräches mit den Bikern trink ich eine kalte Kola und anschließend einen großen Cappuccino. Wir unterhalten uns natürlich auch über Motorradreisen und den Erlebnissen auf den jeweiligen Touren.

Danach mache ich mich wieder auf den Weg nach Samugheo. An diesem Tag sah es ständig so aus als regnet es gleich, aber ich hatte Glück und über den ganzen Tag blieb es trocken. Der Einfachheit halber fahr ich die gleiche Strecke zurück, auf der ich auch herkam. Heute fuhr ich lediglich nur etwas über hundertzwanzig Kilometer.

Nach dem Tanken in Samugheo reinige ich wieder mein Motorrad und fahr zur Unterkunft, um dort zu duschen und danach eine große Pizza mit Schinken und Käse zu essen. Dazu gönne ich mir einen gemischten Salat und ein großes Ichnusa Bier. Weil ich aber immer noch Hunger habe, ordere ich noch eine große Portion Pommes Frites mit Ketchup. Überraschender Weise erhalte ich Kartoffelchips, statt den bestellten Pommes Frites. Das Lachen konnte ich mir nicht verkneifen, weil es mit der Sprache in Englisch oder Deutsch in meinem Übernachtungsrestaurant nicht klappt. Die frischen und selbstgemachten Kartoffelchips schmecken wirklich hervorragend, das war also kein Verlust.

Am nächsten Morgen stehe ich früh auf, denn ich möchte nach dem Frühstück eine große Runde mit über fünfhundert Kilometer durchführen. Es soll ganz in den Südosten der schönen Insel Sardinien gehen. Das Wetter ist wieder spitze, denn die Wolken haben sich über Nacht verzogen. Diesmal nehme ich zu meinen Strandsachen auch noch mehr Trinkwasser mit, denn ich werde u.a. die schönsten Strände Sardiniens besuchen.

Auf den kleinen Bergstraßen von Samugheo geht es in die Ebene nach Oristano, von dort biege ich links ab auf die große Straße 131 oder E25 immer Richtung Südosten, die mich direkt nach Cagliari führt. Die Straße 131 lässt sich gut und schnell

fahren, aber umso näher man sich Cagliari nähert, desto dichter wird der Straßenverkehr, kurz vor der Hauptstadt komme ich sogar noch in einen Stau. Wer denkt an so etwas auf einer Insel!

Cagliari ist die größte Stadt Sardiniens, Hauptstadt der autonomen italienischen Region Sardinien sowie Hauptstadt der Metropolitanstadt Cagliari. In der Stadt selbst leben fast hundertsechzigtausend Einwohner, das Stadtgebiet mit seinen Vororten zählt fast fünfhunderttausend Einwohner. Also rund ein Drittel der Inselbewohner leben hier in diesem Gebiet. Die Hafenstadt im Süden der Insel, am Ufer des Golfes von Cagliari, verfügt über eine alte Universität sowie die Pontificia facolta teologica della Sardegna und ist Sitz des Erzbistums Cagliari.

Cagliari liegt relativ flach am Meer, nur die Altstadt von Cagliari befindet sich auf einer Hügelspitze, von der aus der gesamte Golf von Cagliari überblickt werden kann. In der Hauptstadt gibt es sehr viel zu sehen, da ist beispielsweise der Dom zu Cagliari, die Kathedrale von Cagliari Santa Maria di Castello, sie ist Bischofskirche des Erzbistums Cagliari und wurde ursprünglich ab zwölfhundertsiebzehn von den Pisanern im romanisch-pisanischen Stil errichtet. Oder die Basilica di Nostra Signora di Bonaria mit ihrer imposanten Barockfassade, sie ist eine der meist besuchten Wallfahrtskirchen der Insel und Sitz des sardischen Mercedarier-Ordens. Von der ausladenden Freitreppe hat man eine wunderbare Aussicht auf den Golfo degli Angeli und den einstigen Naturhafen der Stadt. Das Amphitheater in Cagliari gilt als das bedeutendste öffentliche Gebäude des römischen Sardinien. Dieses Bauwerk wurde direkt in den Hang integriert und die Sitzreihen sind teilweise in den natürlich vorkommenden Stein gehauen. Der Elefanten-turm und Pancrazioturm, oder wie man hier sagt Torre dell' Elefante und Torre di San Pancrazio, sind Teil der pisanischen Befestigungsanlage aus den Anfangsjahren des vierzehnten Jahrhunderts und wurden vom berühmten Architekten Giovanni Capula entworfen. Zur Zeit der Spanier wurden die Türme als Gefängnisse und die Freiflächen davor als Hinrichtungsplätze genutzt. Der Name Elefantenturm entstand durch den kleinen Marmorelefanten über dem Tor. Der Torre San Pancrazio bekam seinen Namen von einer kleinen Kirche in der Nähe des Turmes. Einer der beliebtesten Plätze in der Stadt ist die neunzehnhunderteins, im klassizistischen Stil erbaute Fläche vor der alten Bastion di Saint Remy. Sie stammt aus piemontesischer Zeit und wurde als Aussichtsterrasse und Treffpunkt für die städtische Bevölkerung von Cagliari errichtet.

Weitere Sehenswürdigkeiten der Stadt sind die Kirchen Santa Restituta, Sant Efisio, Sant Eulalia, San Saturno, San Giacomo und San Michele, die ein hervorragendes Beispiel des katalanischen Barocks präsentiert. Das Castello San Michele, das Rathaus Cagliaris und Palazzo di Citta gehören zu den Attraktionen des Ortes ebenso dazu. Der achtzehnhundertsechsundsechzig eröffnete Botanische Garten ist für Natur- und Pflanzenliebhaber ein Pflichtprogramm. In diesem schönen und strukturierten Garten werden einheimische Gewächse, Heilpflanzen, biblische Pflanzen, eine umfangreiche Kakteensammlungen, sowie seltene Pflanzen der verschiedenen Kontinente präsentiert. Des Weiteren befindet sich auf dem Gelände des Botanischen Gartens archäologische Fundstätten, vor allem sind die Zisternen und eine römische Höhle interessant, sowie die Wasserspiele, die vor allem die Kinderaugen erfreuen. Für Vogelliebhaber lohnt sich der Rundgang um die vielen Flachwasserseen, in denen sich hunderte von Flamingos aufhalten und sogar hier brüten. An verschiedenen Ecken gibt es die Möglichkeit Fahrräder zu mieten, was sich für so ein Unterfangen auf jeden Fall lohnt und dabei natürlich die Kamera mit einem guten Zoom nicht vergessen, denn sonst wird es nichts mit den schönen Fotos der Flamingos, zumal diese sehr weit weg vom Ufer brüten oder ihr Fressen suchen.

In Cagliari parke ich auf dem Berg der Altstadt, um mir den anstrengenden Marsch in der Motorradkleidung auf diese Höhe zu ersparen, der bei den Temperaturen auf Sardinien nicht gerade angenehm ist. In der Altstadt, die hier Castello genannt wird, schaue ich mir nur die wichtigsten historischen Bauten an. Das restliche Stadtbild erscheint mir, vor allem in den kleinen Gassen der Wohnstätten typisch italienisch, denn auch hier klappert es aus den Wohnungen und das typisch italienische Temperament ist zu hören und die italienische Küche zu riechen. Mich interessieren heute mehr die Traumstrände im Südosten von Sardinien und die wunderschönen Küstenstraßen mit dem herrlichen Panorama über das Land, eben die Strände und das schöne blaue Meer.

Aus diesem Grund mache ich mich nach einem Erfrischungsgetränk wieder auf den Weg, tanke meine V-Strom mit dem teuren Benzin und fahre an der Küste Richtung Villasimius über die Ortschaften Capitana, Geremeas, Solanas bis zum Ziel auf der Straße 17. Die Straße ist recht gut zu fahren und umso weiter ich nach Villasimius fahre, desto geringer wird der

Verkehr. Das einstige Hirtendorf entwickelte sich zu einem gut florierenden Ferienort mit knapp viertausend Einwohnern. Dies nicht ohne Grund, denn hier gibt es einen Traumstrand nach dem anderen und so lang, dass es keinen Kampf der Besucher um einen guten Platz am Strand gibt. In dem Ort Villasimius und seiner Umgebung erstrecken sich kilometerlange Sandstrände, wie jener breite Streifen des Golfes von Carbonara, der an eine Wüstenlandschaft erinnert und am Capo Carbonara seinen südlichsten Punkt erreicht. Nördlich des Ortes öffnet sich die Bucht Cala di Sinzias und anschließend weiter in Richtung Norden erstreckt sich die noch berühmtere Küste der Costa Rei, bei der sich weiße Sandstrände und Klippen abwechseln. Im Südwesten beginnt ein weiterer Küstenabschnitt am Golf von Cagliari. Einen wunderschönen Panoramablick auf den Golf bietet der alte Turm San Caterina auf dem Capo Carbonara. Dies ist eine der zahlreichen Küstenbefestigungen von Sardinien. Eine weitere alte Festung, die Fortezza Vecchia, liegt nahe dem Hafen, der Marina di Villasimius, die mit ihren vielen Jachten und Segelbooten aufwartet.

Nach einer kleinen Besichtigung und einem italienischen Eis mache ich mich weiter auf den Weg, um die berühmte Küste der Costa Rei mit meiner V-Strom zu besichtigen. Dazu fahre ich von Villasimius an der Küste Richtung Norden weiter, so kann ich immer wieder an den Parkbuchten auf der rechten Seite der Straße stoppen und die Aussicht genießen. Wenn es mir lohnenswert erscheint, dann fahre ich an die Traumstrände, schaue sie an und gehe ggf. eine Runde schwimmen. Viel Zeit habe ich dafür nicht, denn es sind sehr viele schöne Stände und ganz unterschiedlich besucht. Mal sind kaum Badegäste vor Ort am Strand und die wenigen bringen ihre eigenen Liegen, Luftmatratzen, Handtücher und Schirme selber mit. Für echte Individualisten, die ihre Ruhe haben möchten und kein Kiosk oder Restaurant benötigen, ist dies ideal. Ein andermal gibt es Strände mit luxuriösen Restaurants, tollen fest installierten Sonnenschirmen mit schönem Strohdach, sowie bequemen Liegen die gemietet werden können. Natürlich gibt es auch alle Varianten dazwischen, wie z.B. einfache Liegen und Schirme zum Mieten und kleine günstige Kioske am Strand. So lässt sich hier an den Stränden der Costa Rei für jeden Geldbeutel etwas finden. Immer wieder treffe ich Motorradreisende an den Parkbuchten, die sich ebenfalls die wunderschönen Felsküsten, sowie die Traumstrände und das traumhafte blau- bis türkisfarbene Meer anzuschauen. Irgendwann entdecke ich eine Segelregatta mit lauter schönen Segelbooten, dessen Segel schwarz ausgestattet sind. Kamprichter fahren mit den Motorbooten parallel und prüfen alle Segelboote nach Einhaltung der Strecke und einem fairen Wettkampf. Es ist ein fantastischer Anblick, ganz besonders wenn man selber gerne segeln geht. Nachdem ich die Ortschaften Casa della Marina, Casa Ferrato, das Capo Ferrato, San Piramo und Villaputzu, sowie dessen wunderschönen Strände ausgiebig bereist habe, bemerke ich, dass mir die Zeit davonläuft und ich noch eine lange Strecke zur Heimfahrt nach Samugheo vor mir habe. Diesmal gibt es keine schnelle autobahnähnliche Straße, sondern nur noch Landstraßen zu fahren.

Von Villaputzu fahre ich direkt auf der Landstraße nach Ballao, diese verläuft sehr schön parallel dem Fluss Flumendosa. Nach Ballao biege ich links ab in Richtung San Nicolo Gerrei und nach Sant Andrea Frius rechts auf die Straße 547 bis Senorbi. Nun verlasse ich die ganz kleinen und kurvenreichen Bergstraßen und fahre die etwas größere Bergstraße 128 über Mandas, Serri, Isili, Nurallao, Laconi, Meana Sardo bis Atzara. Dort biege ich links ab auf die ganz kleine Höhenbergstraße bis Samugheo. Heute war ich froh als ich meine Unterkunft erreicht habe, denn die Tour war doch unerwartet länger als ich geplant hatte. Am späten Abend laufe ich zu der kleinen Pizzeria, die schräg gegenüber dem Friedhof und parallel dem kleinen öffentlichen Pool in Samugheo liegt. Hier arbeiten vier Personen in einer offen Showküche, die sauber mit einer Edelstahleinrichtung ausgestattet ist. Alle tragen schneeweiße Kochkleidung mit Firmenlogo und die Frauen ein geschlossenes Haarnetz über dem Kopf. Das Personal ist sehr freundlich und schnell. Nachdem mir meine Pizza serviert wird kann ich nur noch staunen, denn sie ist doppelt so groß wie die in der Pizzeria meiner Unterkunft und dazu noch sehr reichlich belegt. Zudem kostet sie hier ungefähr dreißig Prozent weniger als in meiner Pension. Es muss auch keine Gebühr für die Tischdecke, das Brot oder gar für das Besteck bezahlt werden. Das Ichnusa kostet hier auch deutlich weniger. Nur von der leckeren Pizza und ausnahmsweise zwei Bier war ich satt. Diese Pizzeria kann ich nur wärmstens empfehlen, denn die Pizza schmeckt, ist riesig groß und reichlich belegt, dazu der freundliche und schnelle Service, sowie der super gute Preis.

Der nächste Tag war wieder stark bewölkt, deshalb plane ich eine etwas kleinere Tour, um ggf. nicht zu lange auf nassen Bergstraßen zu fahren. Das Motorrad war schnell, mit den Schwimmsachen und etwas zum Trinken, gepackt. Nach dem Frühstück starte ich die V-Strom und freue mich insgeheim auf meinen zweiten Stopp, denn dort ist eine unangemeldete Schnapsprobe meinerseits geplant.

Auf den ganz kleinen Bergstraßen mit ordentlichen Steigungen und Gefälle, so wie engen Kurven, aber leider auch ganz schlechtem Belag, geht es von Samugheo über Busachi und Paulilatino nach Bonarcado, meinem ersten Stopp an diesem Morgen.

In dem kleinen Dorf Bonarcado, das südöstlich des Monte Ferru, unweit des Naturschutzgebietes Monteferru-Sinis liegt, leben auf knapp dreihundert Meter Höhe rund tausendfünfhundert Einwohner, die zur Provinz Oristano gehören. Die einst bedeutendste Kirche Condaghe di Santa Maria des Judikats Arborea steht am nördlichen Ortsausgang auf einem kleinen, von Pilgerhütten umsäumten Platz. Sie wurde aus vollkommen dunklem Basalt und Trachyt im Jahre elfhundertsechsundvierzig bis elfhundertsiebenundvierzig gebaut. Knapp hundert Jahre später wurde diese Kirche erweitert, durch arabische Bauleute, um den dreischiffigen Anbau vom Campanile bis zu der heutigen hohen Apsis. Dies war das erste Mal, dass arabische Bauleute auf Sardinien aktiv waren. Die Nordseite, mit dem Turmoberteil einer Barockzwiebel und dem

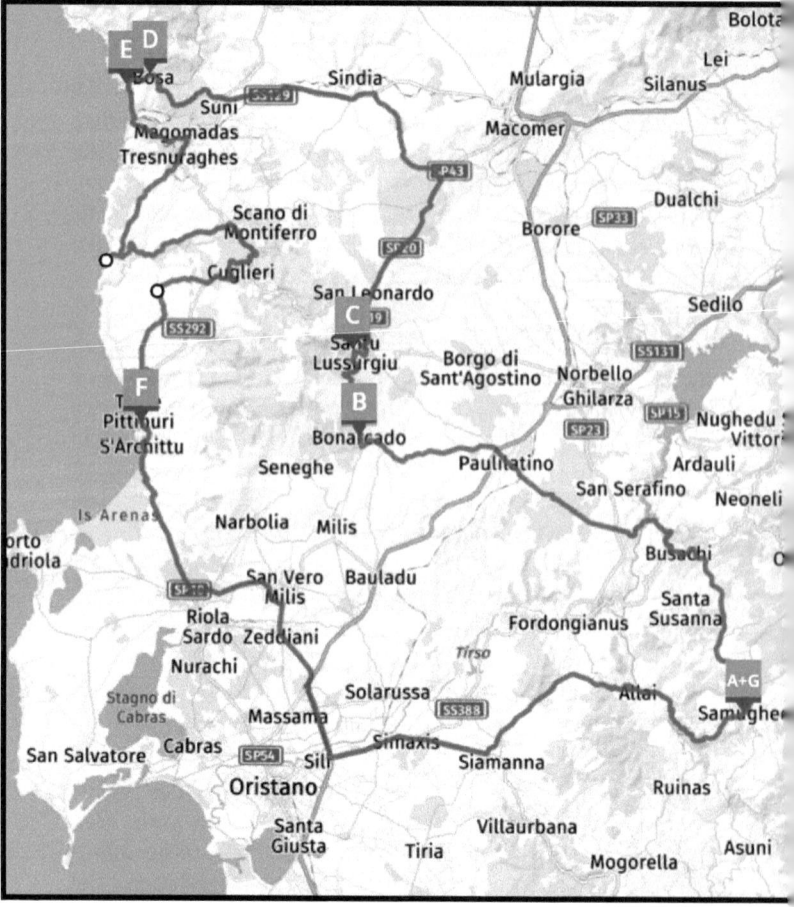

Tonnengewölbe im Inneren, wurden im neunzehnten Jahrhundert nochmals stark verändert und ist nun als Gesamtwerk zu besichtigen. Unweit und gleich hinter der Apsis liegt das winzige Santuario della Madonna di Bonacattu, die im siebten Jahrhundert errichtet wurde und zu den bedeutenden Wallfahrtsstätten Sardiniens zählt, sie wurde ebenfalls später erweitert.

Ein paar Meter weiter der Durchgangsstraße in nördlicher Richtung folgend erreiche ich die Ortschaft Santu Lussurgiu, in der aktuell rund zweitausenddreihundert Menschen leben. Der Ort liegt nahe dem Monte Ferru, einem ehemaligen Vulkan in der Planargia. Dieser Ort bildet das Zentrum der sardischen Pferdezucht, deshalb haben sich hier auch Produzenten von Reitzubehör angesiedelt. Des Weiteren werden hier Hirten-messer, Sensen und schöne Produkte im Kunsthandwerk her-gestellt. Wer Interesse hat kann hier auch das landwirt-schaftliche Museum besichtigen. Ein weiterer Anziehungs-magnet ist der zwölf Meter hohe Wasserfall Cascata Sos Molinos nahe dem Ort an der Straße nach Bonarcado, dessen See auch als Badegelegenheit im gleichnamigen Riu dient.

Aber nun suche ich, nach dem ganzen Geschichtsmaterial und den Informationen zu der bisherigen Tagestour, erst einmal den Schnapsbrenner oder die Destillerie Lussurgesi in der Via delle Sorgenti 14 auf. Als ich mit meinem Motorrad die Straße des Schnapsbrenners erreiche, bin ich überrascht, denn diese steigt dermaßen steil an, dass so manch ein Auto sie schwer hinauf-kommt. Mein Motorrad an der Straße abzustellen traue ich mich nicht, sondern parke vor dem verschlossenen Eisentor des Grundstückes, denn dort ist es einigermaßen eben. Nachdem ich niemand im Grundstück entdeckt habe, schaue ich mir von außen alles in Ruhe an und fotografiere. Während ich im Schatten auf dem Motorrad sitzend warte, trinke ich von meinem Wasser und warte auf den Besitzer der Destilliere. Es dauert keine drei Minuten, da kommt der gute Mann mit seinem Auto angefahren, kurbelte die Scheibe hinunter und fragt mich, ob ich eine Schnapsprobe machen möchte. Terminlich passte das optimal. Er schloss sein Eisentor auf und wir gehen in sein Haus. Dort zeigt und erklärt er mir sehr fachkundig und voller Stolz seine Destillerieanlage, den Vorratsraum mit den Edelstahltanks, den Verpackungs- und Abfüllraum, so wie den Verkaufsraum mit seinen vielen form-schönen Flaschen und dessen hochwertig wirkenden Etiketten. Weil hier viele Frauen arbeiten und die Kräuter aus dem Umfeld von Hand einsammeln, wird ihnen zu Ehren die neuste Liquor Line Feminas genannt. Er zeigt mir immer die gesammelten Kräuter, lässt mich daran riechen und schenkt mir eine Verkostung ein. So ist es für ihn sprachlich am einfachsten und ich verstehe ohne viele Worte um was es geht. Ein Liquor nach dem anderen wird so probiert, ob Fenchel, Melone,

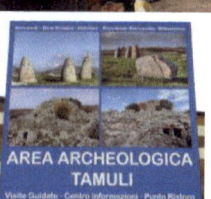  

Zitrone, Quitte, Zwetschge, Granatapfel, Rosmarin, usw.. Alle schmecken intensiv und aromatisch. Mein Favorit bei den Liquoren war der Granatapfel und der Limoncello, wobei ich nicht unbedingt auf Liquore stehe. Doch als Mitbringsel für meine Frau kommen die ganz bestimmt sehr gut an. Deshalb lasse ich mir gleich, je eine, der schönen Flaschen mit dem runden Holz-Kork-Verschluss im Karton zurückstellen. Der Eigentümer in seiner blauen Jeans und dem roten T-Shirt ist stets gut gelaunt und erklärt leidenschaftlich, was sprachlich und durch Muster nicht rüber kommt sucht er im PC und erläutert es damit. Nach den leichteren Liquoren folgen die harten Schnäpse mit höherem Alkoholgehalt, wie z.B. Zwetschgenschnaps, Grappa, usw.. Auch hier muss ich feststellen, dass die Qualität und der Geschmack, aus meiner bescheidenen Sicht, sehr gut ist. Deshalb nehme ich auch noch einen leckeren Grappa mit, der ebenfalls sehr schön verpackt wird. Bei der Verkostung gab es für mich deutlich mehr als zwanzig verschiedene Sorten zum Testen. Der kleine Betrieb, der natürliche ökologische Anbau, sowie die schonende Verarbeitung gerechtfertigten auch den erhöhten Preis, den ich gerne bezahle, zumal mir so viel erklärt und gezeigt wurde. Am Ende bedankte ich mich für alles, bezahlte und fuhr leicht beschwingt weiter zu meinem nächsten Tagesziel.

Über San Leonardo de Siete Fuentes, Sindia und Suni geht meine Fahrt nach Bosa und Bosa Marina. Unterwegs mache ich einen kleinen Abstecher, weil ich ein Schild an der Straße sehe, auf dem es um eine archäologische Ausgrabungsstätte geht und dort Tamuli und sogenannte Hinkelsteine zu sehen sind.

Die Nuraghe und die drei Gigantengräber von Tamuli liegen südwestlich von der Stadt Macomer auf der Hochebene von Pranu'e Murtas in der Provinz Nuoro. Die in sardischer Sprache Tumbas de los gigantes genannten Bauten sind die größten pränuraghischen Kultanlagen auf der Insel Sardinien. Es gibt über dreihunderteinundzwanzig bekannte Gigantengräber, dies sind Monumente aus der bronzezeitlichen Bonnanaro-Kultur und stammen zeitlich zwischen zweitausendzweihundert bis tausendsechshundert vor Christus. Dies sind die Vorläufer der Kultur der Nuraghenkultur.

Auf dieser Hochebene gibt es so viele Tamuli und Hinkelsteine, dass man nicht unbedingt in das kostenpflichtige Gelände gehen muss, um etwas zu sehen. Wer aber die Erklärungen dazu lesen möchte, der ist gut beraten ein solch organisiertes Areal zu besuchen.

Nach dem Zwischenstopp erreiche ich, bei stark bewölktem Himmel, Bosa und schaue mir die bunten Häuser der achttausend Einwohner zählenden Stadt an. Auch bei diesem schlechten Wetter sieht es wunderschön aus, wie scheinbar die alten bunten Häuser versuchen das auf dem Berg thronende genuesische Kastell zu erreichen. Trotz des Wetters sind die kleinen Kopfsteinpflasterstraßen im Zentrum gut besucht und die mittelalterliche Stadt wirkt sehr lebendig. In der Stadt Bosa geht es so gemächlich zu, wie der langsam fließende und einzige schiffbare Fluss Sardiniens ins Meer fließt. Die Bars und Kneipen sind in Bosa recht gut gefüllt, trotz dem nicht ganz so schicken Erscheinungsbild, sie wirken eher ein wenig verwittert und dunkel. Die kleinen Künstlerateliers sind interessant, sowie die Fischer am Flussufer die ihre Netze reparieren. Auf der gegenüberliegenden Flussseite stehen noch die verlassenen Gerbereien Sas Conzas, in denen sich ein kleines Gerbereimuseum und Restaurants befinden.

In den Sommermonaten ist das Kastell zu üblichen Besuchszeiten geöffnet. So kann man einen Weg durch das Gassengewirr von Bosa zum Castello di Malaspina hinaufwandern. Die Aussicht soll lohnenswert sein. Weil es aber so aussieht, als ob es jeden Moment anfängt zu regnen, verzichte ich bei den Temperaturen in der Motorradkleidung auf diesen Marsch.

Stattdessen fahre ich nach Bosa Marina und stelle mein Motorrad direkt vor den netten Strandbars ab und laufe durch die Gaststätten, über die Holzstege zum ockergelben Sandstrand. Für mich ist es ein wenig ungewöhnlich, dass der Weg direkt durch ein Restaurant führt. Im Nachhinein macht es aber Sinn, denn viele Strandgäste kommen zum Essen in die Restaurants oder kaufen sich was zum Trinken oder ein Eis. Die Bedienung im Restaurant erkennt sofort mein Unbehagen, lächelt mich aber so freundlich an und erklärt mir kurz, dass dies hier üblich ist und jeder es nicht anders kennt. Dann nutzte ich diese Gelegenheit und trink ein großes Ichnusa Bier, bevor es für mich zum Stand weitergeht.

Trotz des nicht so perfekten Wetters ist der Strand gut besucht. Schnell zieh ich meine Kleidung aus und die Badehose an. Nun hält mich nichts mehr und ich eile in das erfrischende Meerwasser. Nach der Abkühlung schaue ich mir noch den Wehrturm an und mache mich anschließend auf die Rückfahrt.

Gut motiviert und den Durst gestillt geht es über Tresnuraghes im Bogen über die Küste, auf sehr kleinen Straßen, nach Sennariolo Cuglieri, um danach Santa Caterina di Pittinuri anzusteuern. Leider ist es schon wieder spät geworden und so fahre ich direkt weiter über Riola Sardo, San Vero Milis, Sili, um von dort die bekannte Strecke nach Samugheo zurückzufahren.

Kurz vor Samugheo wurde es nochmal richtig kritisch auf meinem Motorrad, denn nach einer Kurve stand eine Kuhherde vor mir auf der Straße und ich musste voll in die Bremsen treten. Glücklicherweise konnte ich das Motorrad stoppen ohne groß zu schlingern oder gar zu stürzen. Wenn die letzte Kuh nicht beschleunigt hätte und davongerannt wäre, dann würde mein Vorderreifen der V-Strom im Hintern der Kuh stecken. Nach dem ersten großen Schreck musste ich allerdings unter meinem Helm lachen, denn ich sah noch nie eine Kuh so schnell rennen und dabei die großen Euter des Tieres von links nach rechts und umgekehrt schwingen. Das sah wirklich lustig aus. So ging alles gut aus und der alte Bauer trieb seine Kuhherde auf die Seite und forderte mich auf an den Tieren vorbeizufahren. Was mir aber auch nicht so angenehm war, denn die Tiere hatten breite und lange Hörner.

Heute waren es nur rund dreihundert Kilometer, die ich mit meiner V-Strom zurückgelegt habe. Durch die kleinen Bergstraßen kommt man nicht schnell voran, aber als Motorradfahrer macht es richtig Spaß dort entlang zu fahren, denn hier ist kaum jemand unterwegs und die Natur ist wunderschön.

Der Abend verlief wie immer in den letzten Tagen und ich konnte nach dem Abendessen gut schlafen, zumal es trotz des Wetters eine schöne Ausfahrt war, es viel zu sehen gab und der Tag glücklich und ohne Schaden endete.

Am nächsten Tag legte ich einen entspannten Ruhetag in Samugheo ein. Schlief mich mal richtig lange aus und nach dem Frühstück tankte ich das Motorrad und reinigte es gründlich. Danach prüfte ich alle technischen Details am Fahrzeug und sprühte die Kette der V-Strom ordentlich ein. Besichtigte zu Fuß, in relaxter kurzer Kleidung, die Altstadt von Samugheo, kaufte im großen Supermarkt ein wenig ein und gönnte mir ein großes Ichnusa Bier auf dem Rückweg in meiner Lieblingskneipe, gleich rechts neben der Kirche. Dort saß die gesamte Jugend des Ortes, die jungen hübschen Frauen tranken im Freien, an einem großen Tisch, Aperol-Spritz und die gleichaltrigen jungen Männer bevorzugten ein kühles Bier im Stehen, an bzw. um die Bar. In dieser Kneipe kam ich mit den jungen Dorfbewohnern ins Gespräch und freute mich darüber, dass ein paar von ihnen etwas Englisch sprachen. Es war ein netter Nachmittag und nach einem leckeren Cappuccino machte ich mich, mit meinem Einkauf, wieder auf den Weg in meine Unterkunft. Weil es schon wieder neununddreißig Grad im Schatten waren, nahm ich eine erfrischende Dusche und ruhte mich danach auf meinem Bett aus. Da schlief ich doch glatt ein und wachte erst zum Abendessen wieder auf, weil mein Magen mir sagte, dass es Zeit wird etwas zu essen. Kurzentschlossen lief ich zu meiner Lieblingswirtschaft, gegenüber des Pools in Samugheo, und orderte leckere Lachsnudeln, einen gemischten Salat und zum Trinken ein Ichnusa Bier. Schließlich hatte ich Urlaub und fahren musste ich auch nicht mehr. An diesem Abend ging ich früh ins Bett, denn am

nächsten Tag plante ich eine Motorradtour mit über fünfhundert Kilometern.

Nach einem frühen italienischen Frühstück starte ich sofort,
denn das Motorrad packte ich bereits schon am Vortag für die
Tagestour. Durch die kleinen Bergstraßen geht es über Busachi
und Ghilarza auf die Strada Statale SS 131 direkt nach Nuoro.
Dieser Ort liegt nur rund acht Kilometer von der SS entfernt.

Zuvor möchte ich aber von einem ganz besonderen Erlebnis
auf dieser Straße berichten, weil mir selbiges jedes Mal auf
dieser Strecke zugestoßen ist. Unterwegs schmetterte etwas
ganz massiv gegen mein Visier des Helms, meiner Kleidung
und dem Motorrad. Im ersten kurzen Moment des Schreckens
dachte ich es ist Hagel, weil der Himmel aber klar und blau
war, passte dies nicht. Doch dann erkannte ich, dass es sich um
einen großen Schwarm kräftiger und relativ großer Heuschrecken handelt, die per Tiefflug von einem zum anderen
Weidegrund diese Straße überflogen. Erstaunlicherweise waren
die Heuschrecken so robust, dass sie durch den Aufprall nicht
zerfetzten und deshalb so gut wie keine Sauerei hinterließen.

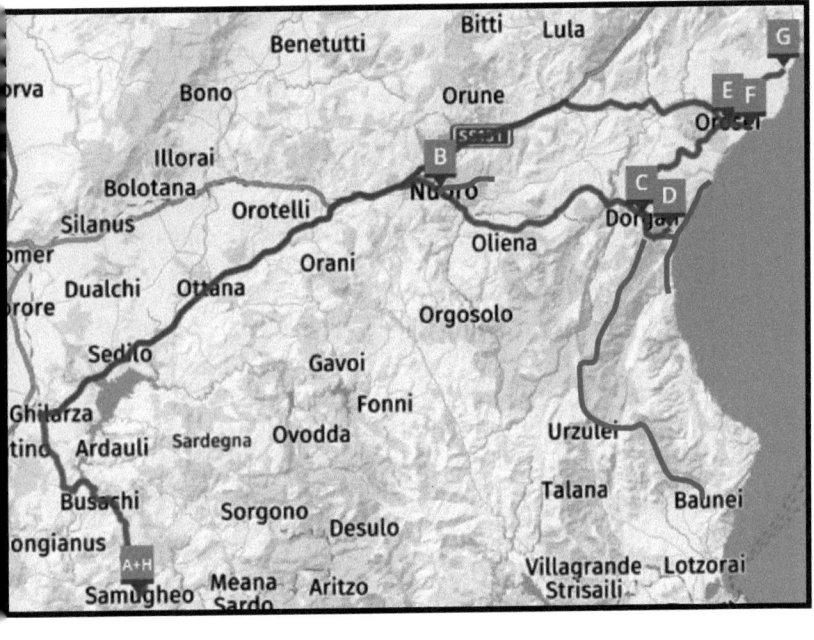

Nuoro ist eine knapp sechsunddreißigtausend Einwohner zählende Hauptstadt der Provinz Nuoro, die auf fünfhundertvierundfünfzig Meter Höhe über dem Meer liegt. Das wichtige Verwaltungszentrum und das Tor zur Barbagia entwickelte sich erst nach neunzehnhundertsiebenundzwanzig, als Nuoro zur Provinzhauptstadt ernannt wurde. Davor war der Ort eine Kleinstadt von Großbauern und Lohnhirten, die den Geruch des Schafmists nicht loswurden. Heute gibt es in diesem Ort ein Gericht, höhere Schulen, mehrere Museen, ein Gefängnis, Industrie, so wie große Einkaufszentren. Aktuell ist Nuoro die größte Stadt in der Barbagia. Wenn man den schweren Granitplatten gepflasterten Corso Garibaldi folgt, dann gelangt man unweigerlich in die Altstadt von Nuoro. Dort gibt es ein paar Plätze die mit großen Granitfindlingen geschmückt sind und unter anderem den bekannten Sohn der Stadt, nämlich dem Dichter der Barbagia, gewidmet wurden. Durch den späten Aufstieg zur Provinzhauptstadt gibt es nicht sehr viele schöne und historische Gebäude, sondern man findet hier eher sehr viele Hochhäuser, die kein schönes Stadtbild zeigen.

Nach kurzem Aufenthalt in Nuoro fahre ich auf meiner V-Strom den neunhundertfünfundfünfzig Meter hohen Granithausberg, Monte Ortobene, über eine kleine kurvenreiche Rundstraße hinauf. Diese Straße ist oft nicht gesichert und fällt steil ab, zudem ist der Straßenbelag nicht der Beste, hier sollte man vorsichtig fahren. Auf der Bergstraße gibt es immer wieder Haltebuchten, einige mit Bänken und Fernglas, an denen es sich lohnt zu stoppen, um die fantastische Fernsicht hinunter über die Berglandschaften Supramonte und Gennargentu zu genießen. Im Schatten von Granitbastionen, Pinien, Steineichen und Zypressen liegen nahe zweier Quellen schöne Picknickplätze, die gerne sonntags von den Einwohnern der Stadt Nuoro genutzt werden. Natürlich gibt es auch viele Wanderwege, z.B. den mit der Nummer acht, die zum Gipfel führen.

Oben auf dem Plateau des Monte Ortobene, dessen Teerstraßen bis zu diesem Punkt reichen, stelle ich mein Motorrad ab, um als Erstes eine schöne rustikale Kirche und dann die bronzene Frauenstatue von Grazia Deledda, zu besichtigen. Diese geachtete und populäre Frau wurde achtzehnhunderteinundsiebzig in Nuoro auf Sardienien geboren und starb im Jahre neunzehnhundertsechsunddreißig. Sie erhielt neunzehnhundertsechsundzwanzig den Nobelpreis für Literatur und ehrte somit u.a. auch ihre Heimatstadt Nuoro.

Anschließend folge ich einem kleinen Trampelpfad auf rund zweihundertachtzig Meter zur Aussichtsplattform, die einen wunderschönen Panoramablick bietet und auf der eine sieben Meter hohe Bronzestatue aufgestellt ist. Der Bildhauer Vincenco Jerace erschuf diese schöne und beeindruckende Statue des Erlösers im Jahre neunzehnhunderteins. Seit diesem Jahr zieht eine Prozession während der Sagra del Redentore, dem Erlöserfest, die zu den farbenprächtigsten der Insel zählt, von der Stadt auf die Bergspitze des Monte Ortobene. Übrigens soll es Glück bringen, wenn man den großen Zeh der Bronzestatue berührt, der dadurch auch sehr abgerieben aussieht.

Auf dem Weg zu der Bronzestatue sieht man auf der linken Seite ein Abri am Monte Ortobene, dies ist ein Felsüberhang, Halbhöhle oder auch Felsdach genannt, der durch Erosion im Stein entstanden ist und den Menschen früher Schutz vor Nässe, Kälte und Wind bot. Solche Plätze werden bis heute noch genutzt und bieten bestimmten Tieren einen zuverlässigen natürlichen Schutz, vor allem im Winter. In Frankreich wurden sogar ganze Häuser unter sehr großen Abri gebaut und bis ins zwanzigste Jahrhundert bewohnt. Hier in dieser Gegend um den Monte Ortobene findet man häufig solche Abri die u.a. auch zu einem Refugium, von den Menschen, erweitert wurden.

Wen es interessiert, der kann sich auf den Fußweg zum Domus de Janas von Birghines in Borbore machen, dies sind einfache Grabanlagen in den Felsen des Granits vom Monte Ortobene.

Auf dem Berg gegenüber ist der moderne Kontrast, hier sieht man viele stählerne Masten, die mit Parabolspiegeln oder Antennen voll gespickt sind.

Obwohl ich so weit oben auf dem Berg bin, ist es heiß, oder ist es der Fußweg in der Motorradkleidung! Auf jeden Fall benötige ich eine Pause, um mich mit Getränken zu erfrischen.

Nach dem Päuschen freue ich mich auf die Fahrt, mit dem Motorrad, zurück nach Nuoro und weiter auf die kleine Bergstraße nach Oliena. Hier bietet sich eine fantastische Sicht auf den Gebirgszug Supramonte, mit seinem höchsten Berg Punta Corrasi in tausendvierhundertdreiundsechzig Meter Höhe. Weiter folge ich dieser Straße bis Dorgali, um von dort auf der Straße 125 Richtung Süden bis Baunei zu fahren. Diese Strecke ist atemberaubend schön, denn sie führt weit oben, unterhalb der Bergspitze, parallel des Gebirgszuges entlang. Diese Straße ist schmal und kurvenreich und sieht aus, als hätte man sie in die Felsen der Berge geschnitten. Durch das erhöhte Aufkommen an Motorrädern, erkennt man sofort, dass diese Etappe von Motorradfahrern geliebt wird. Aber auch hier ist erhöhte Aufmerksamkeit gefragt, denn oft ist der Abgrund sehr tief und steil, so wie keine Randbegrenzung der Bergstraße vorhanden. Auf den Parkbuchten sind hier wieder die großen Reiseenduros zu sehen und erfreuen mein Herz. Das Panorama ist u.a. deshalb so beeindruckend, weil auf der einen Seite die Straße an dem grünen und bewaldeten Bergrücken entlang führt, dass in ein tiefes Tal abfällt und auf der gegenüberliegenden Seite eine noch höhere, fast kahle Bergregion aus nacktem Fels sich beeindruckend erhebt. Das Ganze führt auch noch durch den Nationalpark in den Bergen.

Nachdem ich Baunei erreicht habe, kehre ich auf der gleichen Straße zurück und halte auf einem kleinen Parkplatz an einem Rangerhaus zur Gola di Gorropu Schlucht, oder auch nur Gola Gorropu, der rund fünfzehn Kilometer südlich von Dorgali liegt. Hier parken sogar blitzblank geputzte schwarze Harley Davidson Motorräder.

In der Rangerstation gibt es Toiletten, Duschen und einen Shop, sogar Wanderschuhe in verschiedenen Größen kann man sich hier ausleihen. Die Ranger bieten geführte Touren zu Fuß oder mit dem Geländewagen, zu einer der tiefsten Schluchten in Europa, an. Die Gola di Gorropu Schlucht im Supramonte-Gebirge besitzt bis zu fünfhundert Meter hohe Felswände, die u.a. von den Wassermengen des Flusses Riu Flumineddu geschaffen wurden. Selbstverständlich darf hier auch jeder Gast in Eigenverantwortung zur rund sieben Kilometer entfernten Schlucht laufen, wobei feste Wanderschuhe Pflicht sind. Der Weg, der in eineinhalb bis zwei Stunden pro Richtung gelaufen werden kann, führt abwechslungsreich am Lauf des Riu Flumineddu entlang. Oft führt dieser durch Wälder, die für eine angenehme Abkühlung, bei hochsommerlichen Temperaturen sorgen. Die außerordentlich eindrucksvolle Schlucht wird von überwiegend senkrechten und in Teilen sogar überhängenden Kalksteinwänden gebildet und bietet eine reiche Flora und Fauna. Dieses Gelände, mit den vielen Steineichen und dem stetigen Wind, ist angenehm frisch und wird im Sommer gerne von zahlreichen Vögeln als Nistplatz genutzt. Im inneren Becken der Schlucht befindet sich Geröll und gewaltige Gesteinsbrocken, zudem sammelt sich in den kleineren Becken Wasser, das teilweise von Amphibien genutzt wird.

So verlockend sich dies auch alles anhört und anschauen lässt, fehlt mir leider die Zeit für diese Wanderung zur Schlucht. Deshalb schaue ich mir alles genau an und blicke nur durch meinen sechzigfachen Zoom meiner Kamera zum Hotspot der Schlucht und dessen Eingang.

Mein Weg führt mich wieder Richtung Dorgali, um kurz vor dem Ort durch einen der zwei, in den Fels gehauenen Tunnel zu fahren, die anschließend direkt auf die steile und kurven-reiche Abfahrtsstraße in das kleine Städtchen Cala Gonone führt. Hier finde ich direkt rechts neben dem kleinen Hafen, in südlicher Richtung, den ersten schönen, leicht grobkörnigen, Sandstrand. Weitere folgen in dieser Richtung, bis die Straße am letzten Sandstrand endet. Dann kehre ich um und fahre zurück in das Zentrum von Cala Gonone, um dort direkt an der Uferpromenade ein leckeres italienisches Eis zu genießen. Es ist angenehm erfrischend hier zu sitzen, weil eine leichte Brise vom Meer kommt. Dieser Ort, wie viele einstige Fischerdörfer auf Sardinien, hat sich ebenfalls zum reinen Tourismusgebiet entwickelt.

In den bunten Verkaufshütten aus Holz, die wie eine Perlenkette gereiht am Hafen stehen, kann man sich Tickets fürs Boot kaufen, die zu den Stränden, Grotten und Höhlen fahren. Die bekannteste Grotte liegt südlich des Ortes, namens Grotta del Bue Marino. Zwei weitere schöne Grotten sind nördlich von Cala Gonone zu finden.

Nach dem leckeren Eis fahre ich noch ein wenig nördlich von Cala Gonone und schaue mir alles an, um anschließend wieder über den Ort zurück ins Landesinnere die Berge hinaufzuheizen. Von Dorgali treibe ich meine V-Strom bis Orosei über ganz kleine Straßen, die oft nur einspurig verlaufen und extreme Steigungen und Gefälle besitzen, sowie sehr enge Kurven, zudem ist der Belag oft sehr schlecht. Aber genau dafür fährt man eine Reiseenduro, denn nur damit macht es richtig Freude. Nach Orosei steuere ich die Marina di Orosei an und wieder zurück auf der Straße 125 geht es in Richtung Norden nach Cala Liberotto. Auf den letzten Stationen schaue ich nur noch die wichtigsten Punkte an und mache mich auf den Weg zurück über Orosei auf einer ganz kleinen Bergstraße nach Loculi bis zur Anschlussstelle der Schnellstraße 131. Von dort fahre ich wieder über die Stadt Nuoro, dann quasi dieselbe Route wie auf der Hinfahrt, zurück nach Samugheo. Um es nicht zu vergessen, sah ich unterwegs noch einen beeindruckenden Steinbruch mit ganz weißem Marmor, der natürlich ein Foto wert war.

Heute habe ich mich wieder einmal mit der Zeit verschätzt, denn ich kehre doch recht spät nach Samugheo zurück. Aber keines der Erlebnisse und Eindrücke an diesem wunderschönen Tag möchte ich missen. Es war ein fantastischer Tagesausflug, sowohl landschaftlich, als auch fahrtechnisch mit meiner Reiseenduro.

Diesmal fahre ich direkt zu meiner Lieblingswirtschaft und bestelle mir ein Rindersteak mit einer großen Portion Pommes Frites und einen gemischten Salat, sowie ein großes Ichnusa Bier zum Trinken. Denn das habe ich mir redlich verdient, denke ich so, als ich auf mein spätes Abendessen warte.

Nach einer entspannten Nacht starte ich am nächsten Morgen eine kleinere Tagestour an die Westküste, um die etwas weniger spektakulären und unbekannten Sehenswürdigkeiten zu besichtigen. Auf dieser Etappe lege ich nur knapp über drei-hundert Kilometer zurück.

Wie jeden Tag fahre ich mit dem üblichen Zubehör los. Mein Weg führt erst mal über die ganz kleinen Bergstraßen von Samugheo über Allai, Siamanna, Simaxis bis Sili, dann biege ich rechts ab, auf ein Teilstück einer etwas größeren Straße Richtung Norden. Danach geht es wieder links ab in Richtung Zeddiana, San Vero Milis und über Riola Sardo vorbei auf der Straße in nördlicher Richtung zu den Küstenorten Santa Caterina di Pittinuri, Torre del Pozzo bis ich letztendlich an den nördlichsten Punkt der Tagestour, nämlich dem kleinen Ort S' Archittu, erreiche. Je weiter ich mich der Ostküste nähere, desto flacher und gerader verlaufen die kleinen Teerstraßen. Hier in dieser Gegend ist nur sehr wenig Tourismus, fast vergessen sind die kleinen, aber sehr schönen Orte, die zwischen der Straße und dem Mittelmeer an der Küste liegen.

In S' Archittu fahre ich bis an das Ortsende und biege links ab, immer den Berg hinauf bis die Teerstraße endet und mein Weg mich über mittelgrobe Stein- und Sandpisten zum alten Wehr- und Aussichtsturm führt. Hier stelle ich mein Motorrad ab, um den ganz gut erhaltenen Wehrturm von innen zu besichtigen. Leider gibt es dort keinen Zugang und so schaue ich mir die schöne Landschaft um dieses Gebäude an.

Vor dem Turm auf der linken Seite, gibt es einen eindrucks-
vollen Blick auf die gegenüberliegenden weißen und bizarren
Kalksteinfelsen. Diese wurden vom Meerwasser kontinuierlich
ausgewaschen und durch die Eruption brach eine riesengroße
Fläche des Bergmassivs ab. Diese senkrechte Bruchkante sieht
gewaltig aus und soll bei Sonnenuntergang wie ein rosa
Lavastrom wirken, der sich ins Meer ergießt. Liebhaber treffen
sich für diese Augenweide zum Sonnenuntergang und bringen
ihre Getränke, in Form von Sundowner selber mit, denn es gibt
hier leider nichts zu kaufen. Ebenso schaut man in die u-
förmige Felsbucht zum Ort, an dem ein kleiner aber feiner
Sandstrand liegt. Noch ganz oben auf dem Plateau steht ein
einfaches apricotfarbenes Mittelklassehotel, namens Hotel la
Baja mit einem schönen runden Pool am Hang. Der Blick von
hier aus ist besonders fantastisch und die Gäste genießen dies
sicherlich täglich. Das freundliche Hotelpersonal erlaubt mir
das Hotel zu besichtigen und so laufe ich u.a. zum Pool und
schaue mir alles in Ruhe an.

Anschließend laufe ich auf die rechte Seite des Wehrturms und entdeckte dort eine riesige u-förmigen Aussparung im Felsen, die durch das Meer hineingefressen wurde. Das Meerwasser peitscht hier immer wieder an die nackten Felsen und arbeitet sich weiter vor. Dieses Naturschauspiel begeistert und es wirkt unheimlich erfrischend und schön auf mich. Der Kontrast des dunkelblauen Wassers und des hellen Kalksteinfels ist so toll, dass ich eine ganze Weile hier stehen bleibe und diesem Schauspiel zuschaue. Aber Achtung, die Felsen sind nicht ohne, denn ein Fehltritt von der Kante genügt um dort hinunter zu stürzen. Ganz Mutige sollen hier anscheinend von der Fels-kante hinunterspringen, da ich aber ganz alleine hier oben bin, traue ich mir das nicht zu, denn im Notfall kann keiner helfen.

Nach diesem optischen Erlebnis fahre ich mit meiner V-Strom hinunter an die Sandbucht des Ortes, die ich zuvor vom Berg-plateau aus entdeckt habe. Hier finde ich gut befestigte und kostenfreie Parkplätze, ein Dusch- und Toilettenhaus, sowie in einer Grünanlage einen Kinderspielplatz und kurz vor dem Meer eine einfache Bar namens Il Ciosco, in die ich mich sofort verliebe. Denn sie liegt so schön, mit einem fantastischen Blick auf die gesamte u-förmige Bucht und ich sitze unter einem gewaltigen, schattenspendenden Baum. Zudem weht ein leichter Wind und schon sind die aktuellen neununddreißig Grad im Schatten vergessen. An der Bar lächelt mich eine schwarzhaarige junge Schönheit, im knallengen schwarzen Spaghettishirt, mit ihren hübschen Mandelaugen an. Anfangs wusste ich nicht wo ich zuerst hinschauen sollte, denn alles an ihr war wunderschön. Nach einer gefühlten Ewigkeit bestellte ich schließlich ein großes Ichnusa Bier. Das bezaubernde Wesen lächelte mich herz-ergreifend an und teilte mir mit, dass sie das Bier an meinen Platz bringt. Nur ganz kurze Zeit später servierte sie mir die große Flasche Bier und schenkte das frische kühle Getränk in ein Original Ichnusa Glas vor mir ein. Meine Augen schauten dabei direkt in das üppige und schöne Dekolleté der hübschen jungen Frau. Mir kam es so vor, dass ich leicht rot im Gesicht wurde und das in meinem Alter, insgeheim musste ich über mich selber lachen.

Nach diesem Augenschmaus und der erholsamen Zeit in der Bar, die übrigens ab siebzehn Uhr auch eigene Pizza herstellt und den Gästen anbietet, fahre ich in die nächsten kleinen Orte Richtung Süden und schaue mir die Strandpromenaden und Strände an. Hier gibt es ebenfalls Höhlen und Klippen, von denen die mutigen Burschen herunterspringen. Es geht hier alles sehr ruhig und fast schon einsam zu, obwohl die schönen kleinen Orte einladend aussehen. Unterwegs entdecke ich noch eine bronzene Statue eines geflügelten Kriegers, der mit seinem Schwert auf den unter sich liegenden nackten Teufel einstechen will. Diese Statue gefällt mir so gut, dass sie einen Platz in diesem Büchlein verdient hat.

Mit meinem Motorrad fahre ich wieder die Straße nach Riola Sardo zurück, um kurz vor diesem Ort nach rechts abzubiegen und an das Capo Mannu auf der Halbinsel Sinis zu fahren. Die letzten Meter sind eine echte Off-Road Strecke, wer keine Reiseenduro fährt, dem würde ich raten lieber zu Fuß dort hin zu laufen. Am Kap verweile ich nur kurz und schaue den Kite- und Windsurfern zu, die mit hoher Geschwindigkeit ihr Können unter Beweis stellen. Vom Kap fahre ich Off-Road oder auf ganz kleinen, schmalen und eben verlaufenden Teerstraßen die Küste Richtung Süden nach Stagno di Cabras über die extrem kleinen Orte, Putzu Idu, S'arena Scoada, Mari Ermi und weitere, die auf den Karten nicht zu finden sind, entlang. Nicht immer gibt es einen Weg parallel der Küste und man wird gezwungen wieder ein Stück ins Inland zu fahren. An dieser schönen und wilden Küste findet man über ein Dutzend fantastischer und natürlicher Sandstrände, aber auch super Plätze für Kite- und Windsurfer. Für diese Sportler eignen sich am besten die Stellen der Strände, an denen das Seegras angespült wird und deshalb die Badegäste hier nicht verweilen. So braucht man an diesen Abschnitten nicht auf die Schwimmer im Meer zu achten. Dieser Teil der Etappe parallel der Küste kostet richtig viel Zeit, deshalb bin ich auch nur einmal kurz schwimmen gegangen, um mich ein wenig zu erfrischen. Aus meiner Sicht ist die Strecke trotzdem sehr lohnenswert, wenn einem die Dünen, Natursandstrände und die Heidekrautlandschaften gefallen.

Am letzten Strandabschnitt Spiaggia di Maimoni fahre ich wieder nach San Salvatore, trinke in meiner bekannten Westernbar ein großes Bier und bewege mein Motorrad anschließend Richtung Norden der Straße SP 7 entlang. Dabei gibt es immer wieder schöne Einblicke auf den See Stagno di Cabras.

Dieselbe Straße fahre ich nach San Salvatore wieder zurück, weil dies sehr schnell geht und biege dort links ab nach Cabras. In meinem Lieblingscafé gegenüber der kleinen Kirche trinke ich einen leckeren Cappuccino. Dabei fällt mir ein, dass ich noch kein Weingut, oder gar eine Weinverkostung, auf Sardinien besucht habe. Kurz entschlossen suche ich auf meinem Handy nach einem Weingut mit Weinverkostung. Hier ist der Freund Zufall wieder ganz vorne dabei, denn nur ein paar hundert Meter weiter befindet sich das Weingut Contini, das auch eine Weinprobe anbietet.

Die paar Meter fahr ich mit meiner V-Strom und parkte direkt unter dem Firmennamen an der gelben Steinwand, um auf kurzem Weg in das traditionelle Familienunternehmen Contini zu gelangen. Es ist leicht zu finden, denn schräg gegenüber steht ein natursteingemauerter Triumphbogen, oder man gibt einfach die Adresse Via Genova 48 in Cabras in sein Navi ein. Durch den quadratischen Torbogen der Einfahrt ist gleich links, vor der weißen steinernen Statue, der Eingang zur Weinverkostung, bzw. des Weinverkaufs. Hinter der Theke lächelt mich schon eine sehr freundlich wirkende Frau an und fragt mit gutem Englisch, wie sie mir weiter helfen kann. Mein Anliegen bezüglich der Weinverkostung erkläre ich ihr und fragte vielleicht ein wenig verunsichert, ob ich hier richtig bin. Die attraktive Frau bejahte dies und stellte sich mir mit ihrem Namen Erika vor. Da war ich doch ein wenig überrascht, wie sie zu diesem deutschen Vornamen kam. Ein Teil ihrer Wurzeln stammt vermutlich aus Deutschland. Dem war aber nicht so, denn alle ihre Geschwister bekamen Namen aus der ganzen Welt, weil dies ein kleiner, aber netter Spleen ihrer Eltern war. Wir plauderten ein wenig und sie erzählte mir einiges über den Traditionsbetrieb der Familie Contini, den es schon seit achtzehnhundertachtundneunzig gibt und von Salvatore Contini gegründet wurde. Erst vor kurzem fand ein Generationswechsel in der Firma statt, denn Paolo Contini der über vierzig Jahre das Traditionsunternehmen führte gab die Geschäftsleitung an seine Neffen ab. Alessandro Contini übernahm die Aufgabe des Präsidenten und Mauro Contini ist Vizepräsident. Die älteste familiengeführte Weinkellerei Sardiniens ist eine Erfolgsgeschichte, die von der Vergangenheit bis in die Zukunft führt, u.a. auch wegen ihrer hohen Dynamik und dem rasanten Wachstum in den letzten Jahren. Es werden knapp zwei Millionen Flaschen Wein pro Jahr produziert und durch die zahlreichen Auszeichnungen auf regionaler, nationaler und internationaler Ebene zählt dieser Weinproduzent zu den bedeutendsten der Insel Sardiniens. Die Anbauflächen des Weingutes vergrößern sich kontinuierlich, aber eines der wichtigsten Anbaugebiete befindet sich am unteren Lauf des Flusses Tirso. Gleich in der Anfangsphase der Firmengeschichte gewann man wichtige und wertvolle Preise, die in der Weinpresse den Namen Contini schon sehr früh zu den besten Weinerzeugern der Welt betitelte. Dies ist bis heute so geblieben und die Rebsorten werden ebenso dynamisch optimiert wie die Generierung der guten Weine der Spitzenklasse.

Erika kredenzt mir während der vielen guten Informationen einen Wein nach dem anderen in ihrem modernen Raum der Verkostung. Dabei bekomme ich zu jedem Wein die Besonderheiten erklärt, die Geschichte und natürlich auch den Preis genannt. Sie macht einen wirklich sehr guten Job. Dann schlug sie sogar vor mir das Heiligtum des Hauses zu zeigen und dabei den Präsidenten des Weinproduzenten kennenzulernen. Das mir diese Ehre zu Teil wurde, darüber war ich sehr erstaunt und war froh, dass ich zuvor meine Motorradkleidung gegen eine kurze Hose und einem T-Shirt gewechselt hatte. Erika organisierte alles und sie brachte mich persönlich in den modernen Lagerraum mit den ältesten und wertvollsten Fässern des Hauses Contini. Der Präsident kam hinzu und erklärte mir auch noch das eine oder andere. Natürlich musste ich von diesem Ereignis ein paar schöne Fotos schießen. Meine ganz persönliche Führung durch das Haus wurde noch ergänzt mit den modernen Lagerstätten und weiteren interessanten Räumlichkeiten. Das Engagement des Präsidenten und von Erika war für mich einzigartig und absolut vorbildlich.

Letztendlich standen wir wieder im Verkostungsraum und ich durfte tatsächlich alle Weine aus dem Hause Contini probieren, vom preiswerten Qualitätswein bis hin zu den wertvollen Spitzenweinen des Weinerzeugers. Am Ende bedankte ich mich für die erstklassige Behandlung, die private Führung durch das Unternehmen, das Kennenlernen des Präsidenten und der hervorragenden Verkostung ihrer Spitzenweine. Natürlich kaufte ich ein paar Flaschen des guten Tropfens, denn das war das Mindeste was ich tun konnte, um meine große Dankbarkeit zu zeigen. Wir verabschiedeten uns noch ganz herzlich und ich verließ das Areal der Firma Contini.

Im Nachhinein möchte ich noch mitteilen, dass mir die Weine des Weinproduzenten Contini wirklich sehr gut schmecken, obwohl ich ein Freund und Genießer der Württemberger Weine aus Süddeutschland bin.

Leicht benebelt aber dennoch fahrbereit zog ich wieder meine Motorradkleidung an und machte mich auf den Weg Richtung Süden, über Oristano und Santa Giusta auf der Straße 126 bis nach Arborea. Auf dieser sehr dünn besiedelten und absolut ebenen Strecke befinden sich mehrere flache Seen, die vermutlich mit Süßwasser und Salzwasser des Mittelmeeres gefüllt sind. Hier entdecke ich ein paar Flamingos bei der Nahrungsaufnahme, die für meine Kamera nicht zu weit entfernt sind und im richtigen Licht stehen. Das war die Chance ein paar schöne Fotos von den edel und anmutig wirkenden Tieren zu schießen.

Die Sonne steht schon tief als ich eine kleine Runde durch die viertausend Einwohner zählende Stadt Arborea drehe. Deshalb schaue ich mir nur noch den gepflegten Bereich der Innenstadt vor der Kirche an, die an einem quadratischen Garten liegt und von einer großen weißen Gottesfigur auf einem steinernen Podest geschmückt wird. Beim Schlendern durch den Park entdecke ich noch einen uralten Baum mit einem sehr dicken Stamm, dessen Geschichte auf einer Tafel beschrieben wird. Am anderen Ende des Parks steht ein schönes symmetrisches Verwaltungsgebäude, das ebenfalls sehr gepflegt ist und einen Eindruck in die bautechnische Vergangenheit zulässt. Anschließend werfe ich einen kurzen Blick in die Kirche und mache mich auf den Rückweg nach Samugheo.

Diese Strecke über Santa Anna, Tiria bis Siamanna zeichnet sich durch einfache Straßen in einer sehr schönen landwirtschaftlich genutzten, leicht hügeligen Fläche, aus. Ab Siamanna führt mich die gleiche Strecke, nur in entgegengesetzter Richtung, wie auf der Hinfahrt wieder heim nach Samugheo. Obwohl die Tagestour von den Kilometern her nicht viel war, aber es oft nur über Off-Road-Wege ging, kostete es deutlich mehr Zeit als sonst. Dafür ist es eine sehr schöne Tour, die nur von ganz wenigen Bikern gefahren wird, weil es nicht die bekannten Punkte sind, die jeder auf der Liste hat. In Samugheo angekommen, reicht es mir gerade noch so für ein leckeres Abendessen.

Heute werde ich nur eine kleine Runde von etwa zweihundert Kilometer drehen, weil ich mir mehr anschauen will und etwas Entspannung auf meinem Programm steht. Nach meinem italienischen Frühstück starte ich mit dem üblichen Gepäck in den Nachbarort Allai, um mich auch mal in der Nähe etwas umzusehen. Dieser kleine Ort mit fast dreihundertsechzig Einwohner gefällt mir sofort, weil seine schmale Durchgangsstraße so schön mit den einfachen landestypischen Häusern aus Naturstein, an beiden Seiten, bebaut ist.

In Allai fahre ich als Erstes zu einem großen Baumhaus am Fluss, dass auf mehreren Etagen um zwei große Bäume solide und interessant gebaut ist. Wie ein kleines Kind freue ich mich beim Hochklettern in das überdachte Baumhaus und das in meinem Alter, aber auch hier kann ich über mich selber lachen. Es macht Spaß dies zu erleben und sich die kleine Welt von oben anzuschauen. Schräg gegenüber winkt mir ein Gärtner zu und freut sich wie ich. Nach dem kleinen Vergnügen laufe ich zur Badestelle des Ortes, die direkt neben einem sauberen Fluss am Ortsende liegt. Hier bin ich ganz alleine und höre plötzlich ein lautes Geräusch das sich wie ein Esel anhört. Tatsächlich befindet sich hinter einem Erdwall ein Gehege mit Eseln, die alle im Schatten unter den Bäumen stehen und sich keinen Meter heraus wagen. Danach fahre ich wieder in den Ortskern und schaue mir zu Fuß das Örtchen an. An der Durchgangs-straße steht eine Steinstatue mit einem Mann in Ketten und vor ihm sitzt ein Hund. Weiter den Berg hinab steht auf der rechten Seite ein altes bemaltes Haus, in dem eine gefangene Frau am Fenster dargestellt ist und drei gemalte Männer mit herunter-hängenden Gesichtern sitzend auf einer einfachen Bank warten. In diesem Ort gibt es tatsächlich einige Gefängnisgeschichten.

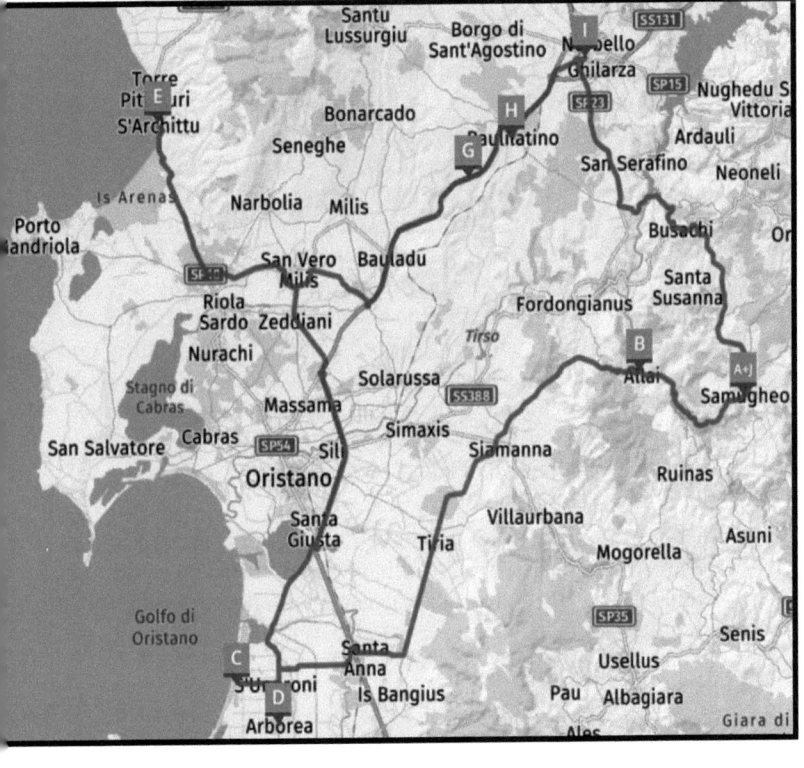

Nach der Besichtigung des Innenkerns, der Kirche und ein paar weiteren schönen Häusern des Örtchens Allai, geht es für mich weiter Richtung Küste bis kurz vor Arborea. Quasi die gleiche Teilstrecke wie am Tag zuvor.

Mein erster Weg führt mich auf relativ unbefestigten Straßen zur Küste. Dort entdecke ich einen herrlichen und fast leeren Naturstrand, dessen Küstenlinie mit Seegras überzogen ist. Nur vereinzelt schaut der feine Sand des Strandes hervor. Eine Weile pausiere ich hier und schaue einem Kiter zu, wie er ganz für sich seine Kunststücke trainiert. Besonders beeindruckend sind die hohen und weiten Sprünge über dem Meer, die er kunstvoll mit akrobatischen Figuren ausführt. Der kann richtig was, dachte ich im Stillen.

Das nächste Ziel liegt auch nur ein paar wenige Kilometer vor Arborea und unweit des Naturstrandes, nämlich das große Areal der Horse Country. Dort parke ich auf dem Parkplatz und schaue mir die gesamte Anlage an. Diese besteht aus sehr schönen Übernachtungshäusern, Villen, Poolanlagen und Restaurants, die schön im Grünen liegen. Die gepflegte Anlage endet am Meer und besitzt dort einen ganz sauberen Privatstrand. Die komplette Anlage ist fast menschenleer, nur vereinzelt treffe ich ein paar Gäste. Es gibt sicherlich viel mehr Eidechsen und Geckos auf dem Gelände als Urlaubsgäste. Die kleinen und scheuen Tiere sind nicht einfach mit der Kamera in einer schönen Position zu fotografieren. Auf dem weiteren Weg besichtige ich noch eine gigantisch große Reithalle, die ebenfalls leer ist und die Koppeln und Ställe der edlen und schönen Pferde. Zum Schluss laufe ich in die alte Westernstadt der Anlage, denn im Saloon will ich ein Bierchen trinken. Trotz der vollen Bestuhlung und dem schönen Biergarten, bin ich auch hier alleine und leider ohne Bier.

Nach der Besichtigung des Horse Country, mit seinen wunderschönen Pferden, fahre ich auf meinem Motorrad nach Arborea, weil ich das Städtchen noch genauer anschauen wollte, aber viel mehr als beim ersten Besuch gab es nicht zu sehen.

Deshalb entschloss ich mich direkt nach S' Archittu zu fahren. Auf der gleichen Strecke wie zuvor bewegte ich meine V-Strom dort hin. Mitten zwischen den Seen, mit den schönen Flamingos, brannte zu beiden Seiten der Wald an der Straße und schlug hohe Flammen empor. Dicke schwarze Rauchwolken füllten die Luft und es wurde unerträglich warm. Die Feuerwehr kämpfte bereits mit dem Feuer, um es wieder in den Griff zu bekommen. Mutig fuhr ich unerlaubter Weise zwischen den Feuerwehrmännern und den Flammen hindurch, um auf der anderen Seite das Weite zu suchen. Aber nur weil es mir zu heiß wurde und ich nicht vor den Flammen warten wollte, sah ich das kleinere Übel in der Flucht nach vorn. Die restliche Fahrt nach S' Archittu verlief ohne weitere Zwischenfälle.

In S' Archittu angekommen treibt es mich sofort an die Bar Il Chiosco, denn ich hatte den ganzen Tag noch nichts getrunken. Natürlich erfreute ich mich abermals über das bezaubernde Lächeln der hübschen Barfrau. Eilig bestelle ich was zum Trinken und ruhe mich im Schatten aus. Heute ist es heiß und windig, die Surfer warten auf die größte Welle in der Bucht, um diese mit ihrem Board zu surfen. Es macht Spaß den Sportlern zuzuschauen, aber auch den herrlich frischen Naturgewalten in der schönen Bucht. Irgendwann hält es mich nicht mehr auf dem Stuhl und ich laufe zum Strand, um mich den Wellen entgegen zu stellen und die erfrischende Brandung zu spüren. Es ist noch viel schöner als ich es mir vorstellen kann. Nach den heftig aufschlagenden Wellen lässt es sich prima schwimmen und ich genieße diese Zeit im Meer.

Auf dem Rückweg fahre ich die bekannte Strecke bis Milis, von dort Richtung Bauladu, um auf die SS 131 / E25 in Richtung Nordosten zu gelangen. Unweit der Schnellstraße schaue ich mir ein paar historische Ruinen und Gebäude an. Aber ganz besonders möchte ich das Brunnenheiligtum mit seinem unterirdischen Brunnen der weitläufigen archäologischen Stätte in Santa Cristina hervorheben. Diese raffinierte Bautechnik ist dreitausend Jahre alt und funktioniert bis heute.

Zur Huldigung des Wassers wurde ein trapezförmiger Treppenabgang mit fünfundzwanzig Stufen gebaut, nach dessen letzter Stufe ein runder Brunnen mit frischem Wasser mündet. Beim Hinuntersteigen sollte man unbedingt auf die Decke schauen, denn hier spiegelt sich das exakte Bild der Treppen an der Decke. Dies ist sozusagen ein Bronzezeitpuzzle aus exakt vermessenen Basaltsteinen. Eine geniale Leistung der damaligen Steinmetze und Architekten. Zwischen locker stehenden Olivenbäumen laufe ich hinunter zum Nuraghenturm, einer kleinen frühchristlichen Kirche, sowie dessen kleinen Häusern für die Pilger. Der sehr gut erhaltene dreizehn Meter hohe Turm ist der am besten erhaltene seiner Art auf Sardinien. Natürlich schaue ich mir sein Innenleben, mit den Schlaf- und Vorratskammern an und steige bis auf die Spitze des Bauwerks. Es ist sehr beeindruckend was diese Menschen vor über dreitausend Jahren, mit einfachsten Hilfsmitteln, errichtet haben. Vor der Heimfahrt auf den kleinen Bergstraßen über Busachi nach Samugheo kehre ich noch in die Gaststätte des archäologischen Fundortes ein und besuche die saubere Toilette.

In Samugheo tanke ich das Motorrad, putze es und fette die Kette ein. Selber dusche ich den Staub des Tages, in meiner Unterkunft, von mir ab. Heute geht es für mich früh ins Bett, weil ich am nächsten Tag eine über vierhundert Kilometer lange Tagestour, in den Südosten der Insel Sardinien, durchführen möchte. Das besondere High-Light soll an diesem Tag die Insel Sant Antioco sein, die im äußersten Südosten von Sardinien liegt und über eine schmale Landbrücke befahren werden kann.

Mit dem üblichen Equipment starte ich früh am Morgen, gleich nach dem Frühstück und freue mich riesig auf die Fahrt mit meinem Motorrad. Denn zu dieser Tageszeit macht es bei den etwas niedrigeren Temperaturen und dem flachen Sonnenstand besonders viel Spaß durch die Kurven der kleinen Bergstraßen zu fahren und die Insel zu genießen.

Die erste und längste Teiletappe führt mich von Samugheo über die ganz kleinen Bergstraßen über Asuni, Usellus, Gonnosno, Baradili, an Lunamatrona vorbei bis Villamar. Hier biege ich rechts ab auf die Straße 127 in Richtung Süden über Furtei bis Samassi. Von dort wechsel ich auf die Straße 293 bis Vallermosa, anschließend fahre ich über Domusvovas und Villamassargia bis Carbonia.

Rund fünfzehn Kilometer östlich von Iglesias über Villa-massargia ist der große Garten an der SP2. Hier stehen mehr als sechshundert phantastische Olivenbäume und einer ist der absolute König, denn er ist über tausendeinhundert Jahre alt, also ein echter Methusalem. Dieser Baum ist leicht zu finden, denn er steht ganz allein auf einer Wiese mit einem großen umlaufenden Holzgeländer und es gibt viele Hinweisschilder zu diesem Baum im Parco S' Ortu Mannu. Zudem sticht er einem mit seinem außerordentlichen Stammumfang von über sechzehn Meter direkt ins Auge. Leise und unauffällig habe ich mich diesem Giganten genähert, so konnte ich das Leben auf und in seinem durchlöcherten Stamm entdecken. Hier wimmelt es gerade so von Reptilien aller Art, wie auch ihren Futtertieren, nämlich den Insekten. Dieser Baum hat bestimmt eine Menge Geschichten zu erzählen, wenn er sprechen könnte. Dann geht es mit der V-Strom zu meinem nächsten Teilziel.

Wieder zurück über den Feldweg fahre ich auf die Durch-gangstraße nach Carbonia und wechsel dort auf die Straße 126 in Richtung Süden über San Giovanni Suergiu bis zu den stählernen Fördertürmen des ehemaligen Kohlebergwerks. Diese stehen kurz vor der Landbrücke zur Insel Sant Antioco und sind wegen ihrer Größe nicht zu übersehen. Bis in die siebziger Jahre wurde hier Kohle im großen Stil abgebaut und tausende Menschen fanden hier einen Arbeitsplatz. Seitdem stehen die rostigen Fördertürme und die alten elektrischen Anlagen von der Firma Siemens herum und verrotten langsam. Es gibt Führungen dort, bzw. darf man sich auf dem Areal selbst umschauen. So habe ich das gemacht, denn auf den Hinweisschildern wird alles gut erklärt und ist kostenfrei.

Vom Förderturm des einstigen Kohlebergwerks fahre ich über die schmale und über fünf Kilometer lange Landverbindung zur Insel Sant Antioco. Auch hier gibt es jede Menge Flamingos auf der linken Seite zu entdecken. Zudem ist der Blick auf der rechten Seite nach Sardinien fantastisch. So musste ich mein Motorrad kurz stoppen, um diese wunderschöne Aussicht zu genießen. In der Stadt Sant Antioco finde ich den Discounter Lidl und mache einen kleinen Boxenstopp, um etwas zu trinken und eine Kleinigkeit zu essen.

In der elftausend Einwohner Stadt Sant Antioco entdeckte ich in der Innenstadt das erste Mal Blitzer für die Geschwindigkeitskontrolle der Verkehrsteilnehmer. Also fahre ich ganz brav nach Vorgabe. Drehe ein paar Runden, um mir die vom Tourismus lebende Stadt anzuschauen. Es gibt ein paar sehenswerte Gebäude, Kirchen und Denkmäler, sowie den Hafen. Zur Gemeinde gehören auch die beiden unbewohnten, südlich von Sant Antioco liegenden Inseln Isola la Vacca und Isola il Toro, die nur mit dem Schiff erreicht werden können.

Über die Straße 126d fahre ich auf meinem Motorrad bis zum nördlichsten Punkt der Insel Sant Antioco, nämlich in die Hafenstadt Calasetta. Der Ort mit seinen über zweitausendachthundert Einwohnern ist ein Teil des Sulcis-Archipels, der aus der Insel Sant Antioco, Insel San Pietro und ein paar kleineren Inseln besteht. Mit den gegenüberliegenden Küstengebieten der Hauptinsel von Sardinien wird die Landschaft Sulcis gebildet. Alle größeren Ortschaften in diesem Bereich besitzen einen gut ausgebauten und sicheren Hafen.

Im Bereich des Hafens stelle ich mein Motorrad ab und besichtige diesen, danach laufe ich durch die Innenstadt mit seinen sehr schmalen Gassen, die meisten sind Einbahnstraßen. Vom sehr gut erhaltenen und noch genutzten Wehrturm bekommt man einen schönen Blick auf die Bucht mit dem Stein- und Sandstrand. Aktuell findet hier ein spektakulärer Surfwettbewerb statt, dabei müssen die Teilnehmer im Wettkampfmodus bestimmte Bojen umfahren.

Es bereitet Freude dem bunten Treiben der Surfer auf dem blauen Meer zuzuschauen, zudem ist es sehr spannend.

Nach einer kleinen Erfrischung fahre ich mit der V-Strom wieder den gleichen Weg von der Insel zurück und folge der Straße 126 nach Carbonia. Sie ist die Hauptstadt der Provinz Sud Sardegna und es wohnen hier fast achtundzwanzigtausend Menschen. Die Stadt Carbonia, hergeleitet von Carbon, hatte ihre Blütezeit in den fünfziger Jahren, es lebten zu dieser Zeit über sechzigtausend Menschen, die in der Hauptsache ihr Einkommen vom Kohleabbau in den Bergwerken bezogen. Nach dem Untergang der Kohleindustrie in den siebziger Jahren versuchte man die Flucht der Bevölkerung durch Ansiedlung von Industrien zu stoppen, was leider nicht gelang und trotzdem eine hohe Arbeitslosigkeit verursachte. Seit Carbonia im Jahre zweitausendsiebzehn die offizielle Hauptstadt der Provinz Sud Sardegna wurde, verbesserte sich die Situation der Stadt und sie erlebt einen Aufschwung. In Carbonia und den umliegenden Ortschaften gibt es noch sehr viele Bauruinen und Fördertürme aus der einstigen Glanzzeit, leider stellen diese auch eine große Gefahr dar. In der Stadt gibt es noch einen Stollen der besichtigt werden kann, so wie das Kohlemuseum von Carbone und ein Archäologisches Museum in der Villa Sulcis. Der Platz Piazza Roma in der Innenstadt präsentiert sich im typisch faschistisch-sachlichen Stil. Dort findet man das Rathaus und die Pfarrkirche zum Heiligen Pontianus im neoromanischen Stil, sowie das Stadttheater, den Freizeitclub Dopolavoro und den Stadtturm. Ganz in der Nähe befindet sich das steinerne Denkmal des Bergarbeiters. Auf dem im Nordwesten der Stadt gelegenen Berg Monte Sirai befindet sich eine phönizische Stadt mit Nekropole und Tofet. Außerdem befindet sich dort eine Nuraghe und verschiedene Domus de Janas.

Mir reicht leider nur die Zeit für eine Besichtigung des Piazza Roma und dessen umliegende Gebäude, sowie das handwerklich sehr schön gearbeitete Denkmal für die Bergarbeiter. Zudem besuche ich ein paar Ruinen des Bergbaus.

Mein nächstes Etappenziel, über die Straße 126 Richtung Norden, ist Iglesias mit seinen über siebenundzwanzigtausend Einwohnern. Um diese Stadt sind noch ganz deutliche Spuren von drei Jahrtausenden Bergbau zu sehen. Seit über achthundert Jahren ist Iglesias das sardische Zentrum der Metallgewinnung. Ganz zu Anfang wurde Silber abgebaut, danach Blei, Zink und Kupfer aus der Erde gefördert und verhüttet. Wie schon in Carbonia liegen auch hier in Iglesias ganz unübersehbar die Zeugen des Bergbaus am Straßenrand, das sind u.a. Siedlungen der Bergwerkarbeiter, Förderanlagen für die Metalle und große Halden. Industriearchäologen legen immer wieder Teile frei und restaurieren diese, um sie dem breiten Publikum zugänglich zu machen.

Nach dem spanischen Namen Kirche, nämlich Iglesias, wurde diese Stadt später benannt, die zuvor andere Namen besaß. Dies kam dadurch, weil Iglesias lange Zeit unter spanischer Herrschaft stand und aus diesem Grund sehr viele Kirchen gebaut wurden. Teilweise ist die alte Stadtmauer mit seinen Türmen, die die Altstadt umgeben, noch erhalten. In den kleinen und sehr engen Gassen der Altstadt gibt es schöne Häuser mit Balkongeländer aus Schmiedeeisen zu sehen, sowie wunderschöne Bemalungen der Hauswände, der einst sehr reichen und privilegierten Stadt.

Diesen Bereich der Altstadt schaue ich mir ganz in Ruhe an und genieße den Schatten und die leichte Zugluft in den engen Altstadtgassen. Ganz besonders attraktiv finde ich das bemalte historische Gebäude hinter der Statue des Brunnens. Da es auch heute wieder sehr heiß ist, kehre ich in eines der gemütlichen Altstadtrestaurants ein und bestelle ein großes Wasser gegen den Durst und einen Cappuccino für den Genuss. Wer viel Zeit mitbringt der kann sich noch den Dom aus dem dreizehnten Jahrhundert, mit seiner romanischen Fassade genauer anschauen, oder die Bettelordenskirche Santa Maria di Valverde, die aus der gleichen Zeit stammt. Für Wanderfreunde liegen auf zwei Bergen die Ruine des Castello Salvaterra und gegenüber die Wallfahrtskirche Nosta Signora del Buoncamino. Darauf verzichte ich gerne, diese Berge in der Motorradkleidung und bei den hohen Temperaturen zu besteigen. Wer sich für die Geschichte des Ortes und vor allem des Bergbaus interessiert, dem empfehle ich das Museum Dell' Arte Mineraria zu besuchen, denn hier erfährt man anschaulich alles über den Bergbau und der dazugehörigen Technik, die durch Führungen der Nachkommen der Bergwerksarbeiter gut erklärt werden. In der Straße Via Roma 47 gibt es zudem noch die Möglichkeit ein Schaubergwerk zu besichtigen.

Nach der kleinen Pause fahre ich über die zweitausendacht-hundert Einwohner zählenden Stadt Fluminimaggiore bis nach Arbus. Diese Straße 126 ist in diesem Bereich schmal, extrem kurvig und enthält viele Steigungen oder Gefälle von über zehn Prozent, zudem ist der Straßenbelag nicht der Beste. Also genau das Richtige für Fahrer einer Reiseenduro. Wenn ich mehr Zeit zur Verfügung gehabt hätte, dann wäre ich nach Iglesias ein Stück zurückgefahren Richtung Gonnesa und über die winzige Küstenstraße über Masua und Buggerru gefahren, die nach Fluminimaggiore wieder auf meine Strecke führt. Denn hier gibt es schöne Strände und Küstenlandschaften zu sehen, die u.a. wunderschön von Dünen umrahmt sind.

Nachdem ich die relativ große Stadt Arbus, mit über sechs-tausend Einwohner erreiche, versuche ich mal ohne Navi das Taschenmessermuseum, Museo del Coltello, in der Straße Via Roma 15 zu finden. Die kleinen Straßen und Gassen sind extrem undurchsichtig und verwinkelt, oft gibt es wegen der geringen Breite nur Einbahnstraßen. Zudem liegt der ganze Ort an einem Hang und dadurch sind hier innerhalb der Ortschaften extreme Steigungen oder Gefälle zu fahren. Nach drei Runden in der Ortschaft finde ich tatsächlich das kleine, aber sehr feine Museum. Es liegt an einer schmalen und sehr steilen Straße auf der rechten Seite. Mit dem Wohnmobil oder einem großen Auto kann ich nicht empfehlen in diese Straße zu fahren, denn am Ende liegt ein Felsbrocken und eine Weiterfahrt ist nicht möglich, ebenso besteht keine Wendemöglichkeit. Hier rate ich dringend zu Fuß zum Museum zu gehen.

Der Eigentümer des Museums winkt mich sofort in die Einfahrt des Hauses, um dort mein Motorrad auf der ebenen Fläche abzustellen. Dies ist eine fantastische Serviceleistung und ich freue mich sehr darüber, denn auf der schmalen Straße habe ich bedenken, dass kein Auto mehr an meinem parkenden Motorrad vorbei kommt oder es den steilen Berg hinunter rollt. Sehr herzlich und freundlich werde ich vom Sohn des zwei-maligen- und amtierenden Weltrekordhalters, im Bau des größten Taschenmessers der Welt, begrüßt. Ganz stolz auf seinen Vater führt er mich durch das kleine und kostenfreie Museum, das in seinem Wohnhaus auf zwei Ebenen liebevoll eingerichtet ist. Sein Hund kommt auch noch hinzu und fordert vorsichtig und ruhig seine Streicheleinheiten von mir ein, dem ich natürlich gerne nachkomme, zumal er sich riesig darüber freut und es genießt. Die Attraktion im Museum sind natürlich das erste Weltrekordtaschenmesser und das zweite noch viel größere Taschenmesser vor dem Museum unter einem Carport, weil es schlicht und einfach nicht mehr in das Haus passt. Im Museum finde ich uralte Messer und alle Varianten der komplett handgefertigten Taschenmesser seines Vaters, sowie die von dessen Sohn. Es gibt traditionell ausgestellte Kleidung, Bilder und Fotos, sowie schön hergerichtete Schaukästen mit allen Arten von Messern, natürlich auch der Taschenmesser. Die historische Werkstatt, in der heute noch gearbeitet wird darf auch besichtigt werden. Zudem wird ein langes und aus-führliches Video gezeigt, wie aus einem Ziegenhorn und einem einfachen Stück Blech ein gutes Taschenmesser, mit den einfachsten Mittel, von Hand hergestellt wird. Es gibt viele Liebhaber aus Sardinien und der ganzen Welt, die hier ihre Taschenmesser nach eigenen Vorstellungen, vom Meister der Taschenmesser, anfertigen lassen. Obwohl das Museum nicht groß ist, bin ich relativ lange darin und schaue mir alles an. Der Sohn des Meisters, der auch Taschenmesser herstellt, erklärt alles ganz genau und mit Liebe zum Detail, sowie den Stolz auf seine Produkte der Familie, spürt man hier ganz genau. Am Ende bedanke ich mich recht herzlich für alles und spende ein paar Euro, die gerne entgegen genommen werden. Meiner Meinung nach hat er sich dieses Geld mehr als verdient. Einen Besuch kann ich jedem nur empfehlen.

Leider läuft mir die Zeit davon und ich mach mich über die elftausend Einwohner zählende Stadt Guspini, die eine reichhaltige und lange Geschichte besitzt, nach einem kleinen Stopp für die interessantesten Stellen im Stadtkern, weiter auf den Weg zur Heimfahrt. Der Straße 126 folge ich nach Guspini noch ein paar Kilometer und biege dann rechts auf eine kleine Verbindungsstraße Richtung Mogoro ab, um dort auf die Schnellstraße nach Norden bis auf die Höhe von Arborea zu gelangen. Nun biege ich abermals nach rechts auf die kleinen Bergstraßen ab, um im großen Bogen nach Samugheo zu fahren.

Erst nachts komme ich in Samugheo an und beschließe noch auf der Heimfahrt, dass ich mich nach der anstrengenden und langen Tagesetappe erst einmal einen Tag lang ausruhen muss und in Samugheo bleibe.

Deshalb schlafe ich mich am nächsten Tag so richtig gut aus und frühstücke relativ spät in meiner Unterkunft. Anschließend laufe ich durch den Altstadtkern von Samugheo und sehe viele junge Frauen die sich festlich gekleidet haben. Da mich das interessierte fragte ich nach dem Anlass. Freundlich wurde mir mitgeteilt, dass eine feierliche Hochzeit in der Kirche stattfindet. Die hübschen Frauen wollten mich sofort mitnehmen, aber ich lehnte dankend ab, zumal ich mit meiner kurzen Freizeitkleidung dort nicht hinein passe.

Mein Weg führte mich zufällig in das Zentrum von Samugheo. Dort stand schon eine große Gruppe Menschen, die scheinbar keinen Platz mehr in der Ortskirche fanden. Direkt vor dem Eingang der Kirche leerte ein Künstler farbigen Sand in Form eines riesigen Herzens, mit den Namen des Brautpaares darin, auf den Boden. Es ist ein echtes mehrfarbiges Kunstwerk, das ganz präzise ausgeführt wird. Im Schatten unter dem Rathausgang setzte ich mich und beobachtete das bunte Treiben vor der Kirche. Dann entdecke ich die Frauen von vorhin. Natürlich fragte ich, ob ich sie fotografieren darf. Sofort kam ein ja und alle stellten sich schnell und lächelnd in ihre schönste Position.

Nach der Feierlichkeit in der Kirche wurde Reis und Blumen auf das glückliche Paar geworfen, danach fuhr das Brautpaar in einem Konvoi lautstark davon. Die Übriggebliebenen steuerten meine Lieblingskneipe neben der Dorfkirche an. Da wurde erst einmal etwas getrunken. Die Männer an und um die Bar ihre Bierchen und die jungen Frauen einen eisgekühlten Aperol-Spritz. Da ich auch schon durstig war, setzte ich mich zu den Gästen in die Kneipe und bestellte ein großes Ichnusa Bier. Ein paar kannten mich schon und so plauderten wir eine Weile.

Am Spätnachmittag stellte sich der Hunger bei mir ein und ich steuerte das Restaurant gegenüber meiner Unterkunft mit der apricotfarbenen Fassade an. Dort bestellte ich einen Salat, Zucchini, Pommes Frites und ein schönes Rindersteak medium gebraten. Im schattigen Garten hinter dem Haus machte ich es mir gemütlich und genoss mein leckeres Essen. Es schmeckte wirklich hervorragend und ich musste kein Geld für das sardische Brot, das Besteck und die Tischdecke extra bezahlen, wie in der Pizzeria meiner Unterkunft. Der Koch war der Seniorchef des Hauses und er fragte mich nach dem Essen ganz persönlich, in seiner schicken weißen Chefkochkleidung, wie es mir geschmeckt hat. Natürlich lobte ich ihn und ließ mir nach dem guten Essen die schönen und preiswerten Zimmer zeigen, die alle in blau-weiß gehalten wurden. Es gab u.a. auch Kühlschränke, Fernseher, usw. in den Schlafräumen. In einem Gemeinschaftsraum stand sogar eine vollausgestattete Küchen-zeile den Gästen zur Verfügung, sowie eine Sitzgruppe mit einem schönen offenen Kamin. Ganz im Stillen dachte ich mir, wenn ich nochmal hierherkomme, dann übernachte ich in diesem Haus, denn die Preise waren gut, sowie die Einrichtung und die Eigentümer super freundlich. Dies war keine gespielte Freundlichkeit, sondern echt gemeint, das spürte jeder sofort. Der Sitzplatz im Garten unter den duftenden Zitronenbäumen gefiel mir hier so gut, dass ich am späten Abend nochmals ein-kehrte und ein Schweinesteak mit frischen Pilzen aß, dazu nur noch das sardische Brot, denn ich war vom Essen zuvor noch satt. Natürlich gab es abermals ein frisches großen Ichnusa Bier dazu, schließlich habe ich ja Urlaub !

Den letzten Tag auf Sardinien nutze ich, um ganz früh nach dem Frühstück nochmals ausführlich die wunderschöne Küste Costa Smeralda im Nordosten der Insel zu besichtigen, bevor es am späten Abend auf die Autofähre von Olbia nach Genua geht. Auf dieser Etappe fahre ich rund dreihundert Kilometer.

Das Motorrad gepackt, geht es wie immer nach dem kleinen italienischen Frühstück los, jedoch diesmal mit vollem Gepäck. Das erste Etappenziel ist nur ein paar Kilometer entfernt und quasi schon die nächste Ortschaft von Samugheo aus gesehen. Dafür fahre ich über die Bergstraße direkt nach Busachi und schaue mir in dem tausendzweihundert Einwohner zählenden Dorf die einfache aber sehr schöne Kirche an. Ganz besonders beeindruckt mich immer die schöne Lage des Dorfes und der naturgemauerte Kirchturm mit seinem Kuppelziegeldach und der steinernen Aussichtsplattform um den Turm.

Das Dorf liegt auf dreihundertachtzig Meter über dem Meer und wird durch die Schnellstraße 388 geteilt. Im verwinkelten Dorfkern stehen zu beiden Seiten der Durchgangsstraße die schönen roten natursteingemauerten Häuser aus Trachyt, dies ist ein vulkanisches Gestein der vor Ort gefunden und abgebaut wird. Um das Dorf liegen dicht bewachsene Korkeichenwälder, die selbstverständlich auch für die traditionelle Korkernte auf Sardinien genutzt werden. Das Dorf liegt so wunderschön wie eine Oase mitten im Grünen und der Dorfkern mit den einfachen Häusern erfreut mich jedes Mal wenn ich hier durchfahre, deshalb ist es für mich lohnenswert einmal hier zu stoppen und mich ein wenig umzuschauen.

Nach Busachi fahre ich mit meiner V-Strom weiter auf den Bergstraßen nach Ghilarza, um von dort über die Strada Statale 131 Richtung Nordosten nach Siniscola zu gelangen. Diese Straße ist gut zu fahren und ich komme schnell voran, jedoch sollte man sich hier nicht nur auf die schöne Aussicht über die Landschaft erfreuen, denn wie immer knallt es mitten drin ganz massiv auf mein Visier des Helms, meiner Kleidung und meinem Motorrad. Wie jedes Mal auf dieser Strecke prallen die großen kräftigen Heuschrecken eines Schwarmes auf mich ein, die im Tiefflug von einem zum anderen Weidegrund diese Straße überfliegen. Diesmal erschrecke ich nicht mehr, weil ich das schon ein paarmal erlebt habe.

Die Stadt Siniscola mit über elftausend Einwohnern erreiche ich relativ schnell und drehe eine kurze Runde durch den Ort, um mir einen ersten Eindruck zu verschaffen. Entschließe mich aber dann direkt auf der Straße 125 nach Santa Lucia zu fahren. Weil ich heute Lust auf Strand und Meer habe, denn die Costa Smeralda ist eine der schönsten Küstenlandschaften von Sardinien.

Santa Lucia mit fast zweihundert Einwohnern besitzt einen ganz kleinen, aber feinen Ortskern, der nur zu den Urlaubszeiten belebt ist, dies gilt auch für die Gastronomie die außerhalb der Saison von Mai bis Oktober geschlossen ist. Die Anwohner kommen meistens nur am Sonntag aus ihren kleinen Häusern, um ein paar Runden zu drehen und sich mit den Nachbarn auszutauschen. Das Dorf liegt direkt am Meer, sowie auch der grüne rasenbewachsene Dorfplatz mit modernen und einfachen Sitzgelegenheiten aus Betonelementen und dem alten Wehrturm aus dem siebzehnten Jahrhundert. In diesem Dorf ist, wegen der Ruhe und seiner schönen Lage, vor allem Erholung angesagt. Gleich neben dem Dorf liegt der große Strand Spiaggia di Caletta und verbindet die beiden Ortschaften La Caletta und Santa Lucia. Am schönen und flach abfallenden Sandstrand liegen die Campingplätze Selema und Villaggio Calapineta, die beide im Schatten der Pinienhaine angelegt sind. Es gibt auch Apartments und Ferienhäuser, die den Touristen zur Verfügung gestellt werden, jedoch haben die großen Hotels den Weg noch nicht hierher gefunden. Die meisten Gäste kommen wegen dem schönen Strand, um hier Badeurlaub mit der Familie zu verbringen oder um zu surfen, schnorcheln, bzw. mit dem Kajak über das schöne blaue Meer zu fahren.

Da ich durstig bin begebe ich mich in eines der kleinen Restaurants, die den Blick auf das herrliche Blau des Mittelmeeres frei geben. Bei einem leckeren Cappuccino und einem Glas Wasser genieße ich die Aussicht nicht nur auf das Meer, sondern auch auf die schönen handbemalten Fassaden mit der sardischen Kunst. Anschließend vertrete ich mir noch etwas die Beine und fahre parallel der Küstenlinie auf der kleinen Verbindungsstraße am zehn Kilometer feinen weißen Sandstrand nach La Caletta entlang.

Der größere Ort La Caletta mit knapp tausendfünfhundert Einwohnern lebt ein wenig vom Fischfang, jedoch in der Hauptsache vom Tourismus und in der Saison finden sich hier bis zu zehntausend Urlaubsgäste ein.

Weiter geht meine Tagestour mit dem Motorrad über die kleine und kurvenreiche Küstenstraße nach Posada. Dieser Ort hat doppelt so viele Einwohner wie La Caletta und von der Ferne

sieht man schon die auf einem Berg gelegene malerische Altstadt. Dabei sticht einem ganz besonders die alte Burgruine Castello della Fava ins Auge. Dieser Ort erhielt schon einen bedeutenden Preis und darf sich zu den schönsten Orten Italiens zählen.

Von Posada führt mich meine Motorradtour weiter entlang der Küstenstraße über die Ortschaften Budoni, Agrustos, San Teodoro bis Porto San Paolo. Ich habe mir alle diese Ortschaften angeschaut und dessen wunderschönen Sandstrände, die den Vergleich mit der Karibik nicht scheuen müssen, bei einigen Stränden wird sogar die Karibik neidisch. Ganz besonders schön war für mich der Strand mit dem dreieckigen Berg im Hintergrund, hier musste ich noch ein letztes Mal an einem Strand auf Sardinien schwimmen gehen. Das Farbspiel zwischen türkis, hell und dunkelblauen Meeresfarben, sowie dem weißen feinen Sandstrand löste in mir pure Begeisterung aus.

Je weiter man sich Olbia nähert, desto größer werden die Ortschaften und umso prunkvoller die vielen Villen am Meer, die teilweise uneinsehbar liegen und von den Superreichen bewohnt werden. Sofort erkennt man den Reichtum auch an den exklusiven Bars am Strand, den großen und teuren Jachten und Segelbooten. Das Schöne aber ist, dass auf Sardinien jeder sein geeignetes Plätzchen am Strand finden kann, ob ganz einsam und idyllisch oder mit Prunk und Luxus.

Von Porto San Paolo fahre ich auf der Straße 125 bis Olbia und nach der großen Hafenstadt biege ich rechts auf eine kleine Küstenstraße zum Hafen von Porto Rotondo ab. Hier zeigt Sardinien sein mondänes Gesicht mit besonders großen und schönen Jachten und Segelbooten in dessen luxuriösen Yachthafen. Die umliegenden prunkvollen Riesenvillen auf den großen Flächen an den Hängen des Luxusortes übertreffen sich gegenseitig und so bekannte Bewohner wie Dauergast Silvio Berlusconi und Wladimir Putin.. dürfen diese ihr Eigen nennen.

Porto Rotondo beeindruckt rund um die Marina mit seinem entspannten Jetset-Flair, aber nur ein wenig weiter liegen die Traumstrände. Da ist zum Beispiel der Strand Spiaggia Marinella, der sich durch seinen feinen weißen Traumstrand mit kristallklarem Wasser, tiefgrüner Macchia und wunderschönen Villen, auszeichnet. Durch seine natürliche Schönheit, seiner Weitläufigkeit sowie vielen Serviceangeboten, Bars und Restaurants ist er sowohl bei den Bewohnern von Porto Rotondo sehr beliebt, als auch den entfernteren Badegästen, zumal direkt am Strand Parkplätze zu finden sind.

Zu den weiteren Traumstränden um Porto Rotondo zählen so bekannte Namen wie Punta Nuraghe/Spiaggia Ira, Cala Sabina, Spiaggia dei Sassi und Spiaggia Rudargia, um nur ein paar zu nennen. Alle haben ihren ganz besonderen Flair und ihre eigene Fangemeinde, denn nicht ohne Grund sind sie so beliebt und begehrt bei den Badegästen aus der ganzen Welt.

Von diesen schönen Plätzen kann auch ich mich nicht genug satt sehen, dennoch muss ich mich sputen, um nicht meine Fähre in Olbia zu verpassen. Deshalb fahre ich schnell nach Olbia zurück und tanke dort mein Motorrad ein letztes Mal in Sardinien auf. Des Weiteren führe ich an der Tankstelle alle kleinen Wartungsarbeiten des Fahrzeugs durch. Dies ist u.a. das Messen des Kettendurchhangs, das Einfetten der Kette, den Luftdruck in den Reifen prüfen, sowie die Reifen optisch checken, die Betriebsflüssigkeiten nachzuschauen und ggf. zu befüllen.

Anschließend fahre ich direkt zur Einschiffung auf das Fährschiff der Reederei Moby. Kaum bin ich auf dem Schiff, schon legt die Moby pünktlich um einundzwanzig Uhr dreißig ab. Auf meiner Kabine speise ich noch eine Kleinigkeit und trinke ein letztes großes Ichnusa Bier von Sardinien. Die Nacht auf der Fähre ist ruhig und angenehm, so kann ich am nächsten Tag entspannt von Genua nach Illingen, bei Stuttgart, fahren.

Noch auf der Heimfahrt, mit meinem Motorrad, gingen mir die vielen schönen Bilder und Erlebnisse von Sardinien durch den Kopf. Dabei dachte ich mir, dies war eine wunderschöne Reise und machte mir sehr viel Spaß. Glücklich war ich darüber, diese anstrengende, aber fantastische Motorradtour durchgeführt zu haben, die ich in meinem Leben nicht mehr missen möchte. Wegen dieser positiven Erfahrung in diesem Motorradurlaub werde ich bestimmt bald wieder eine große Tour planen und unternehmen.

Widmung

Dieses Buch entstand, um von der fantastischen Motorradreise auf der Insel Sardinien zu berichten. Auf der großen Tour wird ein kleiner Einblick auf die wunderschönen Landschaften, Ortschaften und dessen Strände, sowie deren Kultur aus der Sicht eines Motorradfahrers gegeben. In der Hoffnung und mit der Motivation, dass weitere Biker sich dies anschauen, um selbst die tollen Straßen und Kurven zu fahren und die Schönheiten der Motorradreise zu erleben.

Dieses Buch widme ich all den Motorradfahrern, die gerne mit dem Motorrad reisen und immer neugierig auf unsere schöne Welt sind.

Ein herzliches und liebes Dankeschön an Yvonne, die mich durch ihre Wissbegierde und manche Anmerkung motiviert das Schreiben fortzuführen und zweckdienliche Hinweise einbringt.

Veröffentlichte Bücher von Wolfgang Pade